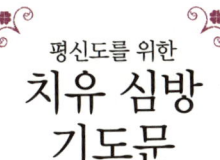

평신도를 위한
치유 심방 기도문

송미경 · 박혜민

글을 통해 상처 입은 영혼을 만지고 치유하는 비전을 품고 살아가는 평신도이다. 글로써 하나님의 일을 하는 것을 오직 삶의 푯대로 삼아 하나님께 쓰임 받기를 소망하는 저자는 하나님 나라의 확장과 그의 의를 위해 부르심의 소망을 따라 걸음을 옮기며 살아가고 있다.

윤요셉

"이 복음은 모든 믿는 자에게 구원을 주시는 하나님의 능력됨이라"는 말씀을 의지하여 일상에서 진정한 그리스도인으로써 성령의 열매를 맺기를 간절히 소망하며 살아가는 평신도이다. 저서로는 『평신도를 위한 모범대표기도문』(청우 刊)이 있다.

2009년 09월 01일 초판 1쇄 발행
2020년 11월 22일 초판 8쇄 인쇄

지 은 이 | 송미경 박혜민 윤요셉
펴 낸 이 | 황성연
펴 낸 곳 | 도서출판 청우
등록번호 | 제 2001-000055호
주 문 처 | 하늘물류센타
주   소 | 경기도 파주시 광탄면 혜음로 883번길 39-32
전   화 | (031) 906-0011 | 팩스 (0505) 365-0011
I S B N | 978-89-85580-93-9 03230

이책은 저작권법에 의해 보호를 받는 저작물이므로 무단전재 및 복제를 금합니다. 잘못 만들어진 책은 구입하신 서점에서 바꾸어 드립니다.

책 값은 뒤표지에 있습니다.

평신도를 위한
치유 심방 기도문

| 송미경 · 박혜민 · 윤요섭 지음 |

청우

c.o.n.t.e.n.t.s

책을 펴내며 ··· 6
유명기도문 헬렌 라이스의 기도시 ··· 8

1부 ✽ 심방자를 위한 상황별 치유 기도문 Ⅰ

간암 투병 성도 1 12 | 간암 투병 성도 2 14 | 위암 투병 성도 1 16 | 위암 투병 성도 2 18 | 백혈병 투병 성도 1 20 | 백혈병 투병 성도 2 22 | 당뇨로 고통 당하는 성도 1 24 | 당뇨로 고통 당하는 성도 2 26 | 갑상선암 투병 성도 28 | 대장암 투병 성도 30 | 절망적인 소아암 32 | 식도암 투병 성도 34 | 신장암 투병 성도 36 | 유방암 투병 성도 38 | 자궁암 투병 성도 40 | 직장암 투병 성도 42 | 췌장암 투병 성도 44 | 폐암 투병 성도 46 | 중풍으로 고생하는 성도 48 | 치매를 앓는 성도 50 | 파킨슨 병 투병 성도 52 | 난치병·희귀병을 앓는 성도 54 | **유명기도문** 하나님이 내 손목을 꽉 잡고 계신다는 것을 56

2부 ✽ 심방자를 위한 상황별 치유 기도문 Ⅱ

간질을 앓는 성도 60 | 감기에 걸린 성도 62 | 관절염으로 괴로워 하는 성도 64 | 교통사고를 당한 성도 66 | 두통으로 괴로워하는 성도 68 | 디스크로 고생하는 성도 70 | 만성피로에 지친 성도 72 | 백내장을 앓는 성도 74 | 불임으로 고민하는 성도 76 | 비만(섭식장애) 78 | 비염으로 고생하는 성도 80 | 수면장애 82 | 안전사고를 당한 성도

84 | 외상 후 스트레스 86 | 장염에 걸린 성도 88 | 청각장애 90 | 폐렴으로 고생하는 성도 92 | 피부질환 94 | 화상 입은 성도 96 | 화병으로 괴로워하는 성도 98 | 수술 앞둔 환자 100 | 수술 회복기 102 | 유명기도문 웨슬리의 기도 104

3부 * 마음과 습관 치유 기도문

근심 108 | 두려움 110 | 미움 112 | 배신감 114 | 상사병 116 | 수치심 118 | 슬픔 120 | 열등감 122 | 외로움 124 | 우울 126 | 의심 128 | 정신질환 130 | 정죄 132 | 질투심 134 | 짜증 136 | 거짓말·이간질 138 | 게으름 140 | 도박 142 | 미루는 습관 144 | 왜곡된 성(性) 146 | 쇼핑 중독 148 | 술·담배·약물중독 150 | 완벽주의 152 | 컴퓨터·게임 중독 154 | 탐심 156 | 유명기도문 용서하는 사랑을 위한 기도 158

4부 * 인간관계와 자녀를 위한 치유 기도문

고부관계 162 | 교인관계 164 | 권위자와의 관계 166 | 부모 자식 관계 168 | 부부관계 170 | 이성관계 172 | 친구관계 174 | 자녀의 발육부진 176 | 시력장애 자녀 178 | 아토피 180 | 언어장애가 있는 자녀 182 | 왕따 184 | 주의력결핍(ADHD) 186 | 자녀의 천식 188 | 학습장애 190

| 책을 펴내며 |

가난한 마음으로 드리는
"치유 심방 기도"

그리스도 안에서 형제요 자매 된 자들을 위해 할 수 있는 가장 고귀한 일은 서로를 위한 기도가 아닐까요? 처한 상황과 형편은 모두 다르지만 하나님 앞에 진심으로 기도하다 보면 서로를 깊이 이해하게 되고 그리스도의 긍휼하심과 사랑을 경험할 수 있습니다.

그러나 어려움과 고통을 당한 성도를 찾아가 대표로 기도할 경우에는 입이 떨어지지 않고 실수하지 않을까 긴장되기도 합니다. 특히 치유를 위한 기도는 환자마다 병의 상태나 아픔의 정도가 다르기 때문에 세심한 주의가 필요합니다.

이 책은 심방자가 고통 받는 환우를 위해 치유하시는 하나님께 간절한 사랑을 담아 드리는 기도로 이루어져 있습니다. 피심방자의 상황에 맞게 주제를 분류하고 정리하여 대표기도자가 보기 쉽게 만들었습니다. 이 책은 환자의 가족과 이웃의 아픔을 위해 기도하는 성도님들과 목회자를 보필하여 많은 성도를 심방해야 하는 평신도 지도자에게 유용하리라 믿습니다. 아무쪼록 이 책을 통하여 하나님의 사랑이 이웃에게 더 깊이 전달되고 하나님의 임재와 치유하심의 역사가 크게 일어나기를 간절히 기도합니다.

헬렌 라이스의 기도시

때로는 괴롬과 슬픔으로
우리를 시험하시는 아버지,
그 시험은 벌이 아니라
내일을 맞이하라고
우리를 도우시는 것입니다

거센 폭풍을 이겨내야
나무들은 자라날 힘을 얻고
끌로 날카로이 도려내야
대리석이 아름다움과 형상을 얻듯이
하나님은 부질없이 우릴 해치지 않으시며
우리 아픔 저버리지 않으십니다

무엇을 잃게 하시면
다시금 가득히 얻게 하시기에
아낌없이 보내신 축복을 헤아려 본다면
불평할 까닭도 슬퍼할 시간도 없습니다

우리 아버지는 자녀를 사랑하시며
모든 것이 한결같기에
영혼의 아픔이 꼭 필요할 때
기쁨만 허락하시는 일은 없나니
고뇌가 닥쳐오고
만사가 어려울 때
그건 우리 가운데 하나님 일하시어
우리 영혼 견고케 하시는 때입니다.

1부
심방자를 위한 상황별
치유 기도문 I

그러므로 너희 죄를 서로 고백하며
병이 낫기를 위하여 서로 기도하라
의인의 간구는 역사하는 힘이 큼이니라
(야고보서 5:16)

간암 투병 성도 1

다만 예수의 옷자락에라도 손을 대게 하시기를 간구하니
손을 대는 자는 다 나음을 얻으니라
(마태복음 14:36)

상한 갈대도 꺾지 않으시고 꺼져가는 심지도 끄지 않으시는 긍휼이 풍성하신 하나님 아버지.

오늘 사랑하는 OOO를 문안하고 마음을 모아 간절히 기도 하오니 능력의 손을 내밀어 안수하여 주시옵소서. 소화불량과 피곤함이 몰려와 잠시 쉬면 괜찮아 지겠지 생각했는데 간암 진단을 받고 눈앞이 캄캄하고 심한 충격 받았을 줄 압니다.

주여, 사랑하는 OOO에게 성령으로 임하셔서 세상이 줄 수 없는 평안과 기쁨을 가득 채워주시옵소서. 다행히 초기에 발견하게 하시고 좋은 의료진을 만나게 하심을 감사드립니다. 올바른 진단과 치료 과정 속에 주님이 친히 관여해 주셔서 조금도 실수가 없게 하시고 온전하게 치료하여 주시옵소서.
주여, 많은 사람들이 암을 정복하고 새 삶을 살아가는 모습에 OOO도 큰 위로와 희망을 갖게 하옵소서.

인간의 지혜와 의술은 한계가 있습니다. 온전하고 능치 못하심이 없으신 주님의 손길로 어루만져주시옵소서. 체중감소와 복통, 염려와 근심으로 잠 못 이루는 날이 없도록 성령의 능력으로 품어주시옵고 방사선 치료를 넉넉히 감당할 수 있는 왕성한 식욕과 체력을 허락하여 주옵소서.

저가 채찍에 맞음으로 너희가 나음을 입었나니라는 이사야서의 능력의 말씀이 OOO에게 임하게 하여 주시옵소서. 주여, 깨끗이 고쳐주셔서 제 기능을 다할 수 있는 날이 속히 오게 하여 주시옵소서 죽은 자도 살리신 예수님의 이름으로 기도 드립니다. 아멘.

간암 투병 성도 2

그가 찔림은 우리의 허물 때문이요 그가 상함은 우리의 죄악 때문이라 그가 징계를 받으므로 우리는 평화를 누리고 그가 채찍에 맞으므로 우리는 나음을 받았도다 (이사야 53:5)

무소불능하셔서 이루지 못하는 것이 하나도 없으신 전능자 하나님.
그 기이하고 광대한 능력을 높여 찬양합니다. 하나님이 행하시고 이루신 일을 생각할 때면 용기가 솟고 의욕이 생겨납니다. 사방이 벽인 것 같은 막막함 가운데에도 하나님께 받은 마음을 잘 지켜 능히 이겨낼 수 있게 하여 주옵소서.
지금 OOO는 간암으로 인해 신음하고 있습니다. 어쩌다 이런 병을 얻게 되었는지 납득할 수 없고 원망만이 솟아오를 뿐입니다. 그간 살아오며 건강을 자신했었는데 갑작스럽게 간암을 진단받고 나니 그 충격을 이루 말할 수 없습니다. OOO도 모르는 사이 자라난 악성종양이 이제는 생명을 위협하는 흉기가 되어 고통과 함께 공포를 주고 있습니다. 육신의 고통은 진통제로 줄일 수 있다지만 마음의 공포는 그 무엇으로 줄일 수 있겠습니까.

오직 하나님이 주시는 평안만이 공포심에서 자유롭게 하실 수 있사오니 OOO의 마음에 세상이 줄 수도 없고 알 수도 없는 평안을 부어 주시옵소서.

OOO의 온몸에 엄습하는 권태감으로 인해 식욕이 좀처럼 생기지 않습니다. 복부가 늘 팽만해 있어 변비나 설사를 자주 하게 됩니다. 때때로 황달 증상이 일어나기도 합니다. 복수가 차오르거나 하혈을 하게 되는 일도 다반사입니다. 온몸에 뜨거운 열이 오를 때면 펄펄 끓는 불구덩이에 던져진 것만 같은 막막함과 두려움이 엄습합니다. 때때로 이 고통이 몹시도 감당하기 버거워 생명의 끈을 놓고 싶을 정도입니다.

하나님 아버지, 지금 이 순간 나락으로 떨어져 가는 OOO의 손을 잡아주시옵소서. 하나님을 믿는 믿음과 담력을 OOO에게 허락하여 주시옵소서. 오로지 주만 바라보오니 고쳐주시옵소서. 치료의 주권을 주님께 모두 맡겨드립니다. 치료자시며 구원자이신 예수 그리스도의 이름으로 기도합니다. 아멘.

위암 투병 성도 1

> 그들이 풀 가운데에서 솟아나기를 시냇가의 버들 같이
> 할 것이라 (이사야 44:4)

사랑과 긍휼이 풍성하시고 죽은 자를 살리시며 불가능을 가능케 하시는 하나님.

사랑하는 OOO를 기억하여 주시옵소서. 교우들과 함께 간절한 마음으로 기도드리오니 능력의 손으로 안수하여 주시옵소서.

주여, 위암 그 자체보다 먼저 혼돈하고 공허한 OOO의 마음을 다스려 주시고 강하고 담대하게 도와주시옵소서. 병든 자를 사랑하시고 병을 미워하시는 하나님, 능력의 말씀으로 위암의 근원을 멸하시고 기적을 베풀어 주시옵소서.
주여, 모든 치료 과정을 주관하여 주셔서 오진이 없게 하시고 최선의 방법으로 치료할 수 있도록 의료진을 붙들어 주시옵소서.

사랑의 주님, 소화불량과 체중감소, 빈혈과 구토 등 말할 수 없는 고통이라도 넉넉히 이겨내도록 형제에게 힘을 주시옵소서.
주여, 더 이상의 부작용이나 다른 장기로 전이되는 일이 없도록 성령의 불로 그 근원을 태워 주시옵소서.
주여, 속히 치료 받고 회복되어서 간증하게 하시고 이전 보다 더욱 음식을 잘 섭취하게 하시고 소화의 능력을 갑절로 더하여 주시옵소서.

주님, 저희들뿐 아니라 온 교우들과 지인들이 마음을 모아 간절히 기도하고 있음을 OOO가 알게 하셔서서 조금도 낙심하지 않게 해 주시옵소서. 성령의 능력을 힘입어 오히려 주님을 찬송하며 감사함으로 승리하는 위대한 믿음을 더 하여 주시옵소서.
주여, 가족들이 병간호 중에 지치지 않게 하시고 평강과 소망으로 늘 붙잡아 주시옵소서.
병든 자를 치료 하시는 예수님 이름으로 기도드립니다. 아멘.

위암 투병 성도 2

그가 네 모든 죄악을 사하시며 네 모든 병을 고치시며
(시편 103:3)

먹이시고 입히시는 공급자 하나님 아버지의 은혜에 감사하며 찬양을 올려드립니다. 공중에 나는 새를 보며 하나님의 사랑을 묵상합니다.
심지도 거두지도 아니하며 창고에 모아들이지 아니해도 기르시는 하나님. 베풀어주신 은혜로 일용할 양식을 공급받아 살아갈 수 있으니 얼마나 감사한지요. 풍족한 은혜로 영육을 만족케 하여 주심에 감사를 드립니다.

끊임없는 공급으로 이제까지 OOO를 돌봐주신 하나님. 그러나 지금 OOO는 뜻밖의 병을 얻어 한없는 절망을 느끼며 신음하고 있습니다. 바쁜 일상에 쫓겨 미처 몸을 돌보지 못했던 OOO가 위암에 걸렸습니다. 지금 OOO의 위장에는 악성 종양이 독버섯처럼 번져 있습니다. 평소에 소화가 잘 되지 않고 복부에 통증이 있어 위염이라고 생각하고 대수롭지 않게 여겼는데 그것이 암이라는 병으로 번지리라고는 상상조차 하지 못했기에 받은 충격이 더욱 큽니다.
그 동안 음식을 대할 때에 진심으로 감사하지 아니하며 귀한 음식들을 소홀히 여겼던 것을 돌이켜 회개합니다. 또한 몸에 해로운 음식을 섭취함으로 그릇된 식습관을 생활화했던 것에 대하여 용서를 구합니다.

이 시간 OOO의 복부에 손을 얹고 기도합니다. 바라옵나니 복부에 얹은 손 위에 하나님의 신이여 임재하여 주시옵소서. 그 신령한 영으로 위장에 퍼져가는 악성 종양을 말끔히 씻어주시어 암세포는 모양이라도, 그림자라도 찾아볼 수 없게 하여 주시옵소서.
예수 이름으로 명하노니 병의 근원이 되는 딱딱한 덩어리는 뜨거운 성령의 불로 태워질지어다.
영적 의사이신 하나님께 전적으로 의뢰하며 OOO를 아버지의 손에 올려드립니다.
모든 기도에 응답하시는 예수 그리스도의 이름으로 기도합니다. 아멘.

백혈병 투병 성도 1

그러므로 너희 죄를 서로 고백하며 병이 낫기를 위하여 서로 기도하라 의인의 간구는 역사하는 힘이 큼이니라
(야고보서 5:16)

생명의 근원 되시고 치료자가 되시는 하나님 아버지.
사랑하는 OOO이 뜻밖의 백혈병 진단을 받고 입원 치료 중에 있습니다. 남의 이야기로만 생각했던 백혈병이 왜 OOO에게 찾아 왔는지 안타까운 마음을 넘어 간절한 마음을 모아 기도드립니다.
주여, OOO의 답답하고 상한 심령을 위로하시고 치료의 광선을 비춰주시옵소서. 절대로 낙심하지 아니하며 소망의 주님만을 의지하게 도와주시옵소서.

주여, 이 시간 긍휼히 여기시고 능력의 손을 내밀어 OOO을 안수하여 주시고 고쳐 주옵소서. 하나님 아버지, 의술의 발달로 백혈병 치료에 많은 진보를 이룬 줄 믿습니다. 주치의를 잘 만

나게 도와주시고 건강한 골수를 이식 받을 수 있도록 길을 열어 주시옵소서.

골수가 OOO에게 잘 생착되게 하시고 부작용이 최소화 되도록 은총을 베풀어 주시옵소서. 주여, 치료 과정에서 살아계신 하나님의 임재를 체험하게 하시고 고통도 잘 이겨내게 도와주시옵소서.

주여, 이것이 네 몸에 양약이 되어 네 골수로 윤택하게 하리니 라는 잠언3장8절의 말씀이 사랑하는 OOO에게 임하게 하시고 능력이 되게 하여 주옵소서.

사랑하는 주님, OOO가 하루 속히 치료 받고 회복되어 함께 주님을 찬양하며 예배드릴 수 있도록 은총을 베풀어 주시옵소서 모든 일을 합력하여 선을 이루시며 치료자 되신 예수님의 이름으로 기도 드립니다. 아멘.

백혈병 투병 성도 2

이것이 네 몸에 양약이 되어 네 골수를 윤택하게 하리라
(잠언 3:8)

생명의 주인 되시는 하나님 아버지.
모든 상황 속에서 주를 찬양하기 원합니다. 오늘도 변함없이 새 아침을 맞이하여 세상의 빛을 볼 수 있게 하여주심에 감사드립니다. 비록 연약한 몸이지만 하나님을 찬양할 수 있는 입술을 주셔서 당신을 향한 사랑을 고백할 수 있으니 얼마나 행복한지요.

약할 때에 강함 되시는 하나님이시여, OOO의 약함을 아시오니 도와주옵소서. 강건하게 회복된 육신으로 주를 찬양하게 하여주시길 원하옵나이다.
하나님 뜻에 합한 자로서 주어진 삶에 충실하며 살아가는 OOO가 뜻밖의 백혈병에 걸리게 되었습니다. 비정상적인 백혈구의 과도한 증식과 적혈구의 감소로 인해 신음하고 있나이다.

잦은 출혈이 계속되는 한편 빈혈로 인해 날로 창백해지는 피부는 보기에 안쓰러울 정도입니다. 또한 점차 감퇴되는 시력은 두려움을 가져오는 원인이 됩니다. 주님의 몸 된 자녀가 이토록 아픔으로 신음하고 있는 것을 누구보다 더 가슴 아프게 지켜보고 계신 줄을 압니다.

OOO의 혈액세포가 정상적인 기능을 할 수 있도록 회복시켜 주시옵소서. 혈액이 건강하여야 신체의 모든 기관이 완전해질 수 있습니다. 혈액의 이상증상을 바로 잡아주시어 비정상정인 백혈구의 수치가 줄어들고 적혈구가 원만히 생성되게 하여 주옵소서. 더 이상 고열에 시달리지 않게 하시고 뼈의 통증과 호흡곤란 등의 증세에서 자유로워지며 출혈증상이 완전히 멈추게 하옵소서.

이 시간 이후로 OOO의 혈색이 건강하고 밝은 빛을 띠어 하나님의 영광을 드러내게 하여 주옵소서. 예수의 보혈로 우리의 죄를 정결하게 씻어주신 것처럼 OOO의 병을 깨끗이 씻어주실 줄 믿습니다. 모든 병을 다스리시고 치료하시는 예수 그리스도의 이름으로 기도합니다. 아멘.

당뇨로 고통 당하는 성도 1

> 주여 사람이 사는 것이 이에 있고 내 심령의 생명도
> 온전히 거기에 있사오니 원하건대 나를 치료하시며
> 나를 살려 주옵소서 (이사야 38:16)

우리의 연약함을 아시고 긍휼을 베푸시는 주여. 목마른 사슴이 시냇물을 찾기에 갈급함 같이 저희들 마음을 모아 주님의 은총을 간절히 간구합니다.

사랑하는 OOO를 불쌍히 여기시고 한없는 자비를 베풀어 주시옵소서. 당뇨병으로 인하여 심히 피곤하며 몸이 마르고 기력이 쇠하여져만 갑니다. 주님의 능력의 손으로 안수하여 주옵시고 예전의 기력을 하루속히 회복할 수 있도록 은혜를 베풀어 주시옵소서.

주여, 영원히 살아있고 운동력 있는 생명의 말씀으로 OOO와 그 가족을 위로하시고 주 안에서 넉넉히 이기게 하여 주시옵소서.

아버지 하나님의 무한하신 능력과 지혜로 의료진을 붙들어 주시고 올바른 진단과 최선의 처방

으로 신속하고 온전하게 치료가 이루어지도록 역사하여 주시옵소서.

하나님 아버지, 저희들의 어리석고 우둔함을 깨닫고 회개합니다. 주님을 믿는다 하면서도 내 뜻대로 내 중심으로 살았음을 고백합니다. 주여, 불쌍히 여기시고 용서하여 주시옵소서.

주여, 바라옵기는 사랑하는 OOO가 주님을 앙망하며 의지하는 마음의 끈을 놓지 않게 하시고 더욱 굳세게 붙잡게 하여 주시옵소서. 오히려 질병을 계기로 멀어졌던 주님과의 간격이 좁혀지게 하옵소서.
갈급한 영혼을 만족케 하시는 주여, OOO의 심령 속에 생수의 강이 흘러넘치게 하옵시고 하늘의 기쁨과 소망으로 충만케 하옵소서.

생사화복을 주관하시며 치료자 되신 예수 그리스도 이름으로 기도 드립니다. 아멘.

당뇨로 고통 당하는 성도 2

하나님이여 사슴이 시냇물을 찾기에 갈급함 같이
내 영혼이 주를 찾기에 갈급하니이다
(시편 42:1)

비천한 우리들을 사랑하시고 귀하게 여겨주시는 하나님 아버지.
졸지도 아니하고 주무시지도 아니하시며 늘 우리를 눈동자와 같이 보호해 주시는 성령 하나님의 은혜를 찬양하며 감사드립니다. 하나님 아버지, 오늘 저희는 OOO를 위해 기도합니다.

OOO는 지금 당뇨로 인해 고통 받고 있습니다. 작은 움직임에도 극심한 피로를 느끼며 일상생활 가운데 여러 가지 불편함을 겪고 있습니다. 혈당의 수치에 따라 모든 생활 방식이 매여야 하니 자유롭지 못합니다. 음식을 마음대로 먹지 못하는 것도 힘든 일입니다.
하나님 아버지, OOO를 불쌍히 여기셔서 이러한 고통으로부터 건져주시옵소서. OOO의 체질을 아시는 하나님 아버지께서 OOO의 건강과 삶에 복을 주셔서 더욱 자유롭고 평안한 삶을 살게 하옵소서.
당뇨에 매인 OOO를 자유롭게 풀어 주시옵소서. 예수 그리스도의 몸이 채찍에 맞음으로 OOO가 나음을 입었음을 확신하게 하옵소서. 혈당의 수치에 집중된 불안한 마음에 평안을 주시고 치료의 확신을 주시고 당뇨로 인한 합병증과 지친 몸을 회복시키시며 치료해 주옵소서.
죽은 자도 살리시는 하나님의 전능하심을 믿고 찬양합니다. OOO에게 지금 역사하셔서 당뇨로부터 놓임 받게 하옵소서.

오직 우리는 하나님의 영광을 위해 살기 원합니다. OOO의 삶을 통해 많은 이들이 그리스도의 모습을 보게 하시고 OOO의 삶을 통해 지친 영혼들이 쉼을 얻게 하옵소서. OOO의 삶을 통해 오직 하나님의 영광만이 드러나게 하옵소서.
오직 평안이시며 사랑이시고 오늘도 살아계신 예수 그리스도의 이름으로 기도드립니다. 아멘.

갑상선암 투병 성도

> 여호와여 내가 주께 부르짖어 말하기를
> 주는 나의 피난처시요 살아 있는 사람들의 땅에서
> 나의 분깃이시라 하였나이다 (시편 142:5)

인자와 자비가 풍성한 하나님 아버지께 감사함으로 나아갑니다. 의로운 오른팔로 아버지의 넉넉한 품에 안아주시는 선하심과 인자하심이 변함없으시니 주는 찬양받기에 합당하십니다.

이 시간 OOO의 갑상선암이 온전히 치유될 줄을 믿는 마음으로 간구합니다. OOO에게 덮쳐온 육신의 병이 영혼의 기쁨을 앗아가고 있습니다. 밀물처럼 밀려오는 두려움과 초조함이 신경을 예민하게 합니다. 오래 참음의 열매를 맺지 못하여 조급한 행동을 일삼게 되곤 합니다.
불안하게 뛰는 가슴을 진정시킬 길이 없어 막연한 두려움에 사로잡혀 있는 OOO를 긍휼히 여겨주시옵소서.
OOO의 떨리는 손을 따뜻하게 붙잡아 주사 편안히 안정을 취할 수 있도록 도우시옵소서.

가벼운 운동조차 원대로 할 수 없을 만큼 심히 나약한 존재이오니 하나님의 도우심이 더욱 간절합니다. 마음에는 원이로되 육신이 약하여 중심을 잡지 못하고 있는 OOO를 돌보시옵소서. 근심함으로 뼈가 마르는 일이 없도록 OOO에게 새롭고 산 소망을 허락하여 주시길 원합니다. 또한 병의 원인이 되는 호르몬의 과다 분비 현상을 바로잡아 주셔서 정상적으로 분비될 수 있게 하여 주옵소서.

그 동안 분주한 일상을 살아가느라 몸이 신음하는 것을 미처 알아채지 못하고 건강을 소홀히 여겼던 것을 용서하여 주시옵소서. 내 몸의 주인은 내가 아니라 하나님이시라는 사실을 잊지 않게 하여 주옵소서. 생명을 위협하는 암세포가 성령의 능력으로 소멸되어 주님의 크신 능력이 만방에 드러날 줄을 믿습니다.
주님의 뜻을 이루시고 이 일을 통하여 홀로 영광 받아주시옵소서. 예수 그리스도의 이름으로 기도합니다. 아멘.

대장암 투병 성도

> 그러나 여호와께서 그들의 부르짖음을 들으실 때에
> 그들의 고통을 돌보시며
> (시편 106:44)

우주보다 크셔서 모든 상황을 통찰하시는 하나님 아버지.
시간 밖에서 세상 만물을 다스리시는 당신께서는 우리의 과거와 현재와 미래를 아십니다. 하나님의 전지전능하심으로 이 시간 이 곳에 있는 우리를 덮어주시옵소서.

갑작스럽게 대장암 선고를 받은 OOO의 마음 가운데 비둘기 같이 온유한 평화가 임하길 소망합니다. OOO는 대장암 선고를 받기 이전부터 혈변을 보는 일이 잦았고 배변장애로 인해 고통을 겪었습니다. 이제는 모든 고통을 OOO에게서 속히 거두어 주시길 원합니다.
그동안 겪어온 숱한 고통으로 인하여 OOO는 지금 기도하기조차 버거운 상태에 있습니다. 체중이 점점 줄어들어 날로 수척해져가는 OOO

를 돌보아 주시옵소서. OOO에게 힘을 더하여 주사 기도로써 투병에 임하게 하옵소서.

하나님께서는 인체의 장기를 각 필요에 알맞게 창조하셨습니다. 섭취한 음식을 원만히 배설할 수 있도록 대장을 만드신 하나님 아버지. 생체의 리듬과 그 순리에 따라 살아갈 수 있는 기쁨을 허락하여 주옵소서.
먹고 마실 때에 느끼는 감각적인 즐거움뿐만 아니라 원만히 소화하고 배설할 때에 느끼는 가뿐함과 상쾌함을 누릴 수 있도록 치료하여 주시옵소서. OOO의 대장이 본래의 기능을 회복할 수 있도록 역사하여 주시길 간절히 원합니다.

치료와 회복의 능력을 보여주실 하나님 아버지를 신뢰합니다. 흔들리지 않는 믿음으로 기대하며 기도하는 OOO가 되게 하여 주옵소서. OOO에게 믿음과 새 소망을 허락하여 주실 예수 그리스도의 이름으로 기도합니다. 아멘.

절망적인 소아암

간곡히 구하여 이르되 내 어린 딸이 죽게 되었사오니
오셔서 그 위에 손을 얹으사 그로 구원을 받아
살게 하소서 하거늘 (마가복음 5:23)

큰 자에게나 작은 자에게나 동일한 사랑을 부어 주시는 공평하신 하나님 아버지.
지극히 작은 자를 돌아보시는 세심한 하나님의 사랑이 있기에 우리가 살아갈 힘을 얻습니다.

여기 어린 나이에 무거운 질병의 고초를 겪고 있는 작고 연약한 OO를 굽어 살피시옵소서. 그 과중한 짐을 대신 져주실 주님께 간곡히 호소하며 기도하오니 속히 응답하여 주옵소서.
자식이 가벼운 감기만 앓아도 가슴이 무너져 내리는 것이 부모의 마음일진대 암 선고를 받은 OO의 부모의 마음은 어떠했겠습니까. 얼마나 큰 상심과 절망을 느꼈을지는 하나님께서 더 잘 아실 줄로 압니다.
자식을 향한 부모의 마음을 누구보다 잘 아시는 하나님 아버지. ◇◇암을 선고받은 OO와 그의 부모에게 위로를 베풀어 주시옵소서.

살아계신 성령 하나님이시여, 일하시옵소서. 자그마한 몸에 꽂힌 주사바늘이 하나님의 생기와 호흡이 공급되는 통로가 되게 하여 주시기를 원합니다. 주사바늘이 꽂혔던 자리에 난 멍든 흔적을 주님의 따스한 손길로 어루만져 주사 생채기 난 피부 위에 새 살이 돋아나게 하여 주시옵소서.

OO를 치료하는 의사 선생님의 마음에 사랑과 긍휼의 마음이 샘솟게 하여 주옵소서. 의학적 기술에 의지하기보다는 하나님의 능력을 의뢰하며 그 주권을 인정하게 하옵소서. 치료하는 과정마다 아버지의 손길이 개입되어 완치될 수 있도록 도우시옵소서. 악한 질병의 요소들을 소멸하여 주사 다시는 암이 재발하지 아니하게 하여 주옵소서.

우리의 요새이며 방패이신 하나님 아버지께서 OO를 지켜주시니 더 이상 그 어떤 질병도 틈타지 않을 줄을 믿습니다. 감사와 찬양을 올려드리며 예수 그리스도의 이름으로 기도합니다. 아멘.

식도암 투병 성도

여호와여 내가 수척하였사오니 내게 은혜를 베푸소서
여호와여 나의 뼈가 떨리오니 나를 고치소서
(시편 6:2)

사모하는 영혼에게 만족을 주시는 하나님. 한없이 모자라고 부족한 인생에게 행하신 기이한 일들을 인하여 찬양하나이다. 풀과 같이 시들어질 인생과 꽃과 같이 져버릴 영화를 의지하지 아니하고 오직 여호와 하나님만을 바라봅니다. 주는 여호와를 경외하는 자를 의인이라 칭하시고 긍휼히 여기시는 분이시오니 지금 이 시간 하나님 앞에 겸손히 머리를 조아린 OOO를 불쌍히 여겨 주시옵소서.

OOO의 식도에서 암이 발견되어 수술을 앞두고 입원 중에 있습니다. 처음 암을 선고받았을 때 사방이 캄캄하여 어찌할 바를 몰랐습니다. 시시때때로 억누르기 힘든 원망이 솟아올라 얼마나 힘들었는지요. 목이 쉬어 대답조차 제대로 하지 못하는 OOO를 볼 때에 안타까운 마음을 금할 길이 없습니다. 음식물을 삼키기 힘든 날이 계속되다가 이제는 물 한 모금 넘기기도 어려울 정도입니다.

식도가 몸에 영양분을 흘려보내는 통로가 되는 기관이기에 속히 회복시켜 주시길 원합니다. 지체하지 마시고 하나님의 광대하신 능력을 행하여 주옵소서. 주의 온정이 가득한 손길로 OOO의 식도를 안수하여 주사 제 기능을 회복할 수 있도록 도와주옵소서. 식도가 치유되는 것뿐만 아니라 OOO의 몸 구석구석이 강건해 질 수 있기를 바라오니 OOO의 체질을 잘 아시는 주께서 친히 만져주시옵소서.

OOO에게 베풀어주실 하나님의 놀라운 은혜를 기대합니다. OOO가 회복된 모습으로 주님 앞에 찬양 올러 드릴 수 있기를 소망하오니 감사하는 마음으로 이전보다 더 주를 위해 헌신할 것을 결단하게 하여 주옵소서. 신실하게, 진실하게, 거룩하게 살아가는 하나님의 모범된 자녀가 되게 하여 주옵소서.

위대하고 강하신 우리 주 예수 그리스도의 이름으로 기도합니다. 아멘.

신장암 투병 성도

> 나 여호와가 의로 너를 불렀은즉 내가 네 손을 잡아
> 너를 보호하며 너를 세워 백성의 언약과 이방의
> 빛이 되게 하리니 (이사야 42:6)

연약한 인생들의 삶에 등대가 되어주시는 주님. 빛으로 오셔서 어두운 우리 삶을 밝게 비춰주시니 참으로 감사합니다. 그 은혜의 빛이 우리를 비출 때에만 하나님의 영광이 드러나는 줄을 믿습니다. 지금 여기에 그 빛을 내려주옵소서.

이 순간 짙은 절망감에 잠겨 있는 OOO에게 하나님의 위로와 평강이 임하길 원합니다. 치료의 광선을 발하여주실 아버지 하나님께 간곡히 구합니다. 몸이 붓고 피곤한 날이 계속되어 손가락 하나 움직이기 힘든 권태가 OOO를 사로잡고 있습니다.

병을 낫고자 하는 의지조차 서서히 소멸하여 가는 중에 있사오니 하나님이시여, OOO를 도와주옵소서. 매사에 의욕을 잃어가는 OOO에게 독수리 같은 새 힘을 부어주옵소서.

소변에 피가 비치고 복통이 느껴질 때마다 솟아나는 원망을 누구에게 호소하겠습니까. 오직 하나님만이 OOO의 아픔을 아시고 치유하실 수 있음을 믿습니다.

하나님의 크신 손을 펼치시어 OOO의 방패가 되어주시길 원하옵나이다. 다른 장기로 암세포가 전이되지 않도록 앞서 막으시고 차단하여 주시옵소서.

예수 그리스도의 이름으로 명하노니 OOO의 신장을 덮고 있는 악성 종양은 흔적도 없이 소멸될지어다. OOO의 연약한 영육을 짓누르는 더러운 귀신은 나사렛 예수 그리스도의 이름으로 떠나갈지어다.

하나님이 비춰주시는 빛을 따라 담대함으로 나아갑니다. 어둡고 부정적인 생각이 아닌 밝고 긍정적인 생각으로 병마와 싸워 승리의 개선가를 부르게 하여 주옵소서.

OOO의 걸음마다 힘을 더하시고 동행하여 주실 예수 그리스도의 이름으로 기도합니다. 아멘.

유방암 투병 성도

> 예수께서 보시고 불러 이르시되
> 여자여 네가 네 병에서 놓였다 하시고 (누가복음 13:12)

우리를 물댄 동산으로 인도하시는 아버지. 당신의 인도하심과 돌보심에 의지하여 하루하루 살아가는 우리들을 보시옵소서. 하나님의 강권하심이 아니면 단 한 순간도 살아갈 수 없는 나약한 존재임을 고백하며 나아갑니다. 지금까지 지내온 것 주의 크신 은혜임을 알게 하여 주시니 참으로 감사합니다.

위대하고 강하신 우리 주 하나님이시여. 유방암으로 투병 중인 OOO를 위해 기도하오니 속히 응답하여 주시옵소서. 생명의 젖줄인 OOO의 유방에 치명적인 암세포가 퍼져가고 있습니다. 하나님께서 여성에게 부여하신 아름다움의 상징인 유방이 병들었다는 사실은 OOO에게 큰 상실감을 느끼게 합니다. 이러한 상실감이 수술에 대한 두려움을 가져와 OOO의 마음을 짓누르고 있습니다.
수술과 치료를 진행하는 과정에서 생기는 외부 상처가 내면의 상처로 번지지 않도록 OOO의 마음을 만져주시옵소서. 더 이상 암세포가 다른 부위로 전이되지 않도록 악성 종양의 뿌리를 뽑아주시옵소서. 성령 하나님이시여, 이 시간 이 자리에 임하셔서 치유의 영을 베풀어 주시길 간절히 원하옵나이다.

이 병을 치료하시는 이는 사람이 아니요 하나님 이심을 기억하게 하옵소서. 모든 과정마다 간섭하시고 개입하셔서 하나님의 능력이 많은 사람 앞에 드러나게 하여 주시옵소서. OOO의 여성성과 그 아름다움이 훼손되지 아니하도록 섬세한 손길로 어루만져주실 주님을 신뢰합니다.
우리의 몸과 마음의 치유자 되시는 예수 그리스도의 이름으로 기도합니다. 아멘.

자궁암 투병 성도

> 무릇 시온에서 슬퍼하는 자에게 화관을 주어
> 그 재를 대신하며 기쁨의 기름으로 그 슬픔을 대신하며
> 찬송의 옷으로 그 근심을 대신하시고 (이사야 61:3)

생명의 근원되시는 하나님 아버지.
우리를 모태에서부터 구별하여 하나님의 자녀로 삼아주신 은혜에 감사드립니다. 너희는 택하신 족속이요 왕 같은 제사장이라고 말씀하셨습니다. 하나님께 선별된 자녀라는 사실에 담력을 얻어 주님께로 가까이 더 가까이 나아가길 원합니다. 상한 몸과 마음을 가지고 나가오니 있는 모습 그대로 받아주시옵소서.

하나님 아버지 OOO가 자궁암을 선고받아 입원 중에 있습니다. 자식은 태의 기업이요 그의 상급이라고 하셨는데 그 귀한 생명을 품어야 할 자궁이 강건치 못하여 병을 얻게 되었습니다. 가장 포근하고 따뜻한 안식처가 되어야 할 그곳이 암세포로 인하여 서서히 상하여 가고 있습니다.

두렵고 떨리는 마음이 OOO를 지배하고 있사오니 부정적인 마음들을 단호히 떨쳐버릴 수 있도록 OOO에게 담대함을 주옵소서.
여성으로서 부여받은 특별하고도 소중한 기관인 자궁이 손상되었기에 더욱 가슴 아픈 일입니다. 그 동안 알게 모르게 받았던 스트레스와 심리적 압박감이 OOO의 육신에 병을 가져오게 하였습니다.
영혼이 건강해야 육신 또한 건강할 수 있사오니 먼저 OOO의 영혼을 어루만져 주시옵소서. 뿐만 아니라 더 이상 암이 진행되지 않도록 그 능력의 손으로 안수하여 주시길 간절히 원합니다. 나날이 출혈이 잦아지고 출혈량 또한 많아지고 있습니다. 통증까지 더해져 극심한 고통을 느끼는 중에 있사오니 고쳐 주시옵소서.

이 시간 우리의 마음을 합하여 하나님께 부르짖습니다. 애끓는 마음으로 치유를 바라는 이 딸의 소망이 하늘에 상달되길 원하옵나이다. 지금 이 순간에도 우리를 굽어 살피시는 예수 그리스도의 이름으로 기도합니다. 아멘.

직장암 투병 성도

> 여호와여 내가 수척하였사오니 내게 은혜를 베푸소서
> 여호와여 나의 뼈가 떨리오니 나를 고치소서
> (시편 6:2)

선하심과 인자하심이 영원한 여호와 하나님께 온 마음 다해 찬양을 올려드립니다. 우리의 찬양을 기뻐 받으시고 홀연한 영광으로 임하옵소서. 한치 앞도 알 수 없는 인생의 바다를 두렵고 떨리는 마음으로 항해하며 나아갑니다.
나침반과 지도가 되시는 하나님 아버지. 갈 바를 몰라 헤매고 있는 길 잃은 양이 이곳에 있사오니 의의 길로 인도하여 주시옵소서.

생각지도 못했던 암 진단을 받고 근심하고 있는 OOO를 보시옵소서. 만성 장염이 직장암으로 번져 수술이 불가피한 상황에 있습니다. 그러나 병이 깊어지기 전에 암을 발견하게 하여 주심이 얼마나 감사한지요. 이 암세포가 혈관을 따라 간과 폐 등으로 퍼져가지 않도록 하나님의 크고 넓은 손을 펼쳐 보호하여 주옵소서. 생명을 위협하는 더러운 암 찌꺼기들을 모두 소멸해 주시기를 간곡히 구하옵나이다.

OOO의 눈이 불가능이 아닌 가능성을 보게 하옵소서. OOO의 입술이 원망이 아닌 감사를 고백하게 하옵소서. OOO의 마음에 두려움이 아닌 담대함을 심어주옵소서. OOO의 심장에 하나님의 사랑이 스며들어 그 사랑이 OOO를 치유하고도 남음이 있게 하옵소서. 그리하여 OOO를 하나님의 사랑을 흘려보내는 통로로 사용하여 주실 줄을 믿습니다.

사망의 골짜기를 다닐지라도 해를 두려워하지 않을 것은 주께서 함께하심 때문입니다. 하나님께서 바라는 소망의 항구로 OOO를 인도하여 주옵소서. 병을 통하여 하나님을 더 깊이 발견하고 알아가게 하심에 감사합니다. OOO의 평생에 하나님의 선하심과 인자하심을 찬양하게 하옵소서.
예수 그리스도의 이름으로 기도합니다. 아멘.

췌장암 투병 성도

여호와가 너를 항상 인도하여 메마른 곳에서도 네 영혼을 만족하게 하며 네 뼈를 견고하게 하리니 너는 물 댄 동산 같겠고 물이 끊어지지 아니하는 샘 같을 것이라 (이사야 58:11)

환난 날에 부르짖을 때에 응답하시는 하나님 아버지.

당신을 전심으로 찾는 자를 단 한 번도 외면하지 않으시는 신실하신 분인 줄을 우리가 아나이다. 이 시간 전심을 다하여 올려드리는 감사와 찬양을 통하여 높임을 받으시옵소서. 또한 애통하며 부르짖는 소리에 귀를 기울이시어 속히 응답하여 주시기를 간구합니다.

OOO의 췌장이 만성 염증으로 심히 손상되었습니다. 비정상적인 췌세포 증식이 일어나 췌장암 판명을 받기에 이르렀습니다. 캄캄한 수렁에 빠진 듯 사방이 막막하고 어둡게만 느껴지는 때입니다. 이런 때일수록 OOO가 환난 중에 만날 큰 도움이신 하나님께 더욱 의지하게 하소서. 피난처 되시는 하나님 품안에 안기오니 기꺼이 받아주시옵소서.

OOO가 극심한 복통으로 인해 잠을 이루지 못하고 식후에는 구토를 하기 다반사입니다. 이로 인해 나날이 신경이 예민해지고 체중이 감소하여 매우 수척합니다. 때때로 정서가 불안하여 우울증 증상을 보이곤 합니다. OOO는 물론 가족들에게도 심적인 고통이 가중되고 있습니다. 바람에 일렁이는 촛불처럼 불안하게 흔들리는 마음을 붙들어 주시옵소서.

하나님을 향한 믿음만이 이 병을 고칠 수 있음을 OOO가 알게 하여 주옵소서. OOO의 심중에 부정적인 생각이 있어 하나님의 일하심을 막고 있다면 그 생각을 완전히 끊어주시길 원합니다. 먼저 OOO 스스로가 하나님의 치유를 사모하며 회복을 갈망하게 하여 주시옵소서. 하나님이 친히 치료하여 주심으로 OOO의 췌장이 다시금 강건하여지길 바라옵고 구하옵나이다. 중보자 되시는 성령님께 구하오니 우리의 간절한 기도에 응답하여 주시옵소서. 예수 그리스도의 이름으로 기도합니다. 아멘.

폐암 투병 성도

여호와는 나의 빛이요 나의 구원이시니 내가 누구를
두려워하리요 여호와는 내 생명의 능력이시니
내가 누구를 무서워하리요 (시편 27:1)

천지 만물을 지으신 창조주 하나님.
우리에게 숨 쉴 수 있는 공기를 주셔서 감사합니다. 날마다 숨 쉬는 순간마다 하나님의 사랑을 느낄 수 있음이 얼마나 큰 은혜인지요. 호흡이 있는 자마다 주를 찬양하라고 말씀하신 것을 기억하며 찬양을 올려드립니다.
주여, 이 시간 폐암으로 인해 고통 당하는 OOO를 위해 기도하오니 치유의 역사를 일으켜 주시기를 간절히 소망합니다.
날이 갈수록 체중은 줄고, 육신은 쇠약하져만 갑니다. 종양이 흉곽 벽을 짓눌러 음식을 삼키기가 힘겹습니다. 맑고 고운 소리를 내던 목에서는 이제 쉰 소리가 흘러나와 말을 잃고 지낸 지 오래입니다.
폐암이 다른 암보다 전이가 빠른 병이라는 사실에 걱정부터 앞섭니다. 그러나 하나님께서는 종양이 다른 장기로 전이되는 것을 허락지 않으실 줄을 믿습니다. 오히려 전이되기 전에 OOO의 폐암을 완전히 치료하여 주실 줄 믿습니다. 하나님께서는 OOO를 사랑하시며 긍휼히 여기시는 자비로운 하나님이시며 암과 같은 큰 병도 능히 다스리고 지배하시는 전지전능자이심을 믿습니다.

OOO의 폐를 덮고 있는 악성 종양들은 이 시간 예수 그리스도의 이름으로 깨끗이 소멸될지어다. 나사렛 예수의 이름으로 명하노니 OOO를 묶고 있는 폐암의 결박과 사슬은 완전히 끊어질지어다.

그 동안 인생에게 허락하신 귀한 선물들을 생각지 아니하고 건강을 소홀히 여긴 것을 회개합니다. 자유롭게 숨 쉬며 하나님이 주신 공기를 누릴 수 있다는 것이 얼마나 큰 축복인지를 깨달았습니다. 이 병을 통하여 호흡의 귀중함을 알게 하여 주심에 전심으로 감사와 찬양을 올려드립니다.

온전한 회복을 이루어주실 예수 그리스도의 이름으로 기도합니다. 아멘.

중풍으로 고생하는 성도

한 백부장이 나아와 간구하여 이르되 주여 내 하인이 중풍병으로 집에 누워 몹시 괴로워하나이다 이르시되 내가 가서 고쳐 주리라 (마태복음 8:5~7)

지치고 피곤한 영혼에 안식을 주시며 사랑을 베풀어 주시는 하나님 아버지.
하나님의 크신 사랑과 은혜에 감사드립니다. 병든 자를 긍휼히 여기시며 크신 은혜를 베풀어 주시는 자비의 아버지께 마음과 정성을 다해 찬양 올려 드립니다.

오늘 이 시간 중풍으로 고생하는 OOO를 위해 간구하는 부르짖음을 들으시고 치료하여 주옵소서. 주님의 손으로 OOO의 팔을 잡아 일으켜 세워주사 지치고 아픈 OOO의 마음과 몸을 크신 사랑으로 감싸 안아주옵소서. 그 어떤 병도 하나님 앞에서는 티끌보다 못한 것이며 그 어떤 고통과 아픔도 하나님께서 주시는 평강과 기쁨 앞에서는 먼지보다 못한 것입니다.

하나님 아버지, 중풍으로 고생하는 OOO를 불쌍히 여기사 더욱 건강을 회복시켜 주시며 이전보다 더욱 강건케 하여 주옵소서. 그리하여 그에게 주어진 삶을 활력 있게 살아가게 하옵소서. 아침에 일어나고 밤에 누울 때마다 하나님의 음성을 사모하고 하나님의 섭리를 찬양하며 하나님과 손잡고 동행하는 삶이 되게 하옵소서.

사랑과 자비의 하나님.
OOO의 영과 혼과 육에 강건함을 주셔서 모든 신체기관이 제 기능을 하게 하시고 모든 정신이 맑고 성령으로 충만하여 이웃과 가족을 위해 기도하는 충만한 삶이 되게 하옵소서. 또한 간병하는 가족들에게 은혜와 평강이 충만하게 하옵소서.
우리에게 주어진 모든 것을 하나님께 감사드리며 기도합니다. OOO의 모든 마음의 소원을 세세히 알고 계신 하나님. 그 모든 간구의 제목을 감사함으로 염려하지 않고 하나님 앞에 내려놓사오니 그 기도를 들으시고 응답해 주옵소서.
예수 그리스도의 이름으로 기도합니다. 아멘.

치매를 앓는 성도

내 영혼을 지켜 나를 구원하소서 내가 주께 피하오니
수치를 당하지 않게 하소서 내가 주를 바라오니
성실과 정직으로 나를 보호하소서 (시편 25:20~21)

슬플 때나 괴로울 때나 음침한 사망의 골짜기를 헤맬 때에도 우리를 독수리 같은 눈으로 바라보시며 변함없는 관심과 사랑을 쏟으시는 하나님 아버지. 하나님의 신실하신 사랑을 찬양하며 영광을 올려드립니다.

하나님 아버지, 오늘 치매로 인하여 어려움 가운데 있는 OOO를 위해 기도합니다. 하나님의 은혜로 OOO가 오랜 세월 건강하게 지냈으나 갑작스럽게 나타난 치매 증상으로 인하여 OOO의 가족들도 함께 고통을 겪고 있습니다. 오늘 이 시간 OOO가 겪는 치매를 위해 기도하오니 치료해 주시며 회복시켜 주옵소서. OOO의 기억력을 회복시켜 주옵시고 뼈와 근육과 세포 조직이 더욱 강건토록 만져주셔서 일상생활에 지장이 없도록 붙잡아 주옵소서.

하나님께서 주신 복된 하루하루를 맑은 정신과 기쁜 마음으로 누리게 하시고 건강하게 몸을 움직여 일하고 봉사하게 하옵소서. 하나님의 인자하심과 성실하심이 OOO의 아침과 저녁에 충만케 하셔서 그 삶에 감사와 찬양이 끊이지 않게 하옵소서. 또한 OOO에게 믿음의 친구들과 가족을 위해 뜨거운 중보기도를 할 수 있는 사랑의 마음을 더하여 주셔서 날마다 은혜가 가득한 삶을 살게 하옵소서.

무엇보다 치매로 인하여 물리적인 고통과 환경적인 어려움 이상으로 마음이 낙심된 OOO와 가족들에게 새 힘을 주셔서 치료자 되신 예수 그리스도의 보혈의 능력을 더욱 의지하며 기도할 수 있게 하옵소서. 하나님은 살아계신 하나님 아버지시며 긍휼과 자비가 풍성하신 하나님 아버지이심을 다시 한 번 고백하오니 OOO의 치매를 치료해 주옵소서.
감사와 찬양을 드리며 예수 그리스도의 이름으로 기도합니다. 아멘.

파킨슨 병 투병 성도

> 내가 사망의 음침한 골짜기로 다닐지라도 해를 두려워하지 않을 것은 주께서 나와 함께 하심이라 주의 지팡이와 막대기가 나를 안위하시나이다(시편 23:4)

우리에게 참 평안과 소망을 주시는 하나님.
어지럽고 복잡한 세상 속에서도 안정을 누릴 수 있는 것은 하나님의 돌보심 때문입니다. 세상 사람들은 삶에 희망도 소망도 없다고 하오나 하나님을 믿는 자녀인 우리들은 이 땅이 아닌 저 천국을 바라며 나아가니 환난 중에도 기쁨을 누립니다.

하나님 아버지. 환난에 처한 OOO를 돌보아 주옵소서. OOO에게 허락하신 귀한 생애가 후반부에 이르러 곤고한 가운데 있습니다. 손발이 떨리는 증상으로 시작된 고통의 실체가 파킨슨 병이라는 사실을 알게 되었습니다.

처음에는 대수롭지 않았으나 점차 증세가 깊어지고 있습니다. 손가락과 손목 관절에 나타났던 떨림이 다른 부위에까지 확장되어 다리와 턱, 심지어는 혀까지도 떨림이 느껴집니다.

완치가 어려운 병이라는 사실이 점점 OOO의 소망을 갉아먹고 있습니다. 이러한 심적 부담으로 인해 증세는 더욱 악화되고 있습니다. OOO와 그의 가족에게 나날이 더해지는 두려움의 고통 또한 말로 다할 수 없습니다. 병이 진행될수록 가중되는 심한 스트레스와 좌절은 OOO를 돌보는 데에 어려움을 더합니다. 이들을 평강에 평강으로 인도하여 주시길 간절히 원합니다.

보라 너희는 낙망치 말고 너희를 인도하는 나를 바라보라고 말씀하시는 하나님의 음성에 귀 기울이게 하옵소서. 이대로 절망하지 아니하고 하나님께 의지함으로 십자가 보혈의 자리에 나아가게 하옵소서. 환자 본인의 의지와 노력이 있으면 호전될 수 있는 병인만큼 OOO 스스로가 지속적인 운동과 긍정적인 생각으로 병을 이기기 위해 노력하게 하여 주옵소서. 치료에 임할 때에도 하나님의 능력을 힘입어 강한 의지를 가지고 나아가 승리하게 하옵소서. 환난 가운데 참된 소망을 주시는 예수 그리스도의 이름으로 기도합니다. 아멘.

난치병 · 희귀병을 앓는 성도

> 내 모든 규례를 지키면 내가 애굽 사람에게 내린 모든 질병 중 하나도 너희에게 내리지 아니하리니 나는 너희를 치료하는 여호와임이라 (출애굽기 15:26)

사랑과 은혜가 충만하시며 이 천지 만물을 지으신 전능하신 하나님 아버지.
하나님의 크신 능력과 권세를 찬양하오며 하나님의 자비하심과 성실하심을 기뻐하며 송축하옵니다. 오늘 우리는 OOO의 난치병을 위해 기도합니다. 오늘은 더욱 하나님의 크신 은혜를 사모하오며 하나님의 인자하심을 기대합니다.
하나님의 귀한 자녀 OOO를 불쌍히 여기시고 이 병을 고쳐주옵소서. 사람의 힘으로는 이 병의 원인과 해결책을 온전히 파악할 수 없고 주장할 수 없사오나 OOO에게 생명을 주신 분이 하나님 이시오니 하나님은 누구보다 OOO의 체질을 정확히 아시고 치료하실 수 있습니다.
치료가 힘든 △△병으로 인하여 마음이 낙심되고 몸은 고통 가운데 있사오니 하나님 아버지시여, OOO를 불쌍히 여기시고 은혜를 베풀어 주옵소서. 여호와 라파, 치료하시는 하나님 아버지께서 ○○○의 몸에 친히 피 묻은 손으로 안수하여 주시옵소서. 예수 그리스도의 십자가 은혜가 ○○○에게 충만히 흘러넘치게 하옵소서.

나사렛 예수 그리스도의 몸 찢고 피 흘리신 그 은혜로 인하여 명하노니 ○○○의 몸을 사로잡고 있는 더러운 병마는 이 시간 ○○○의 몸과 삶속에서 떠나갈지어다. 예수의 이름으로 명하노라. 하나님의 귀한 자녀 ○○○의 몸에서 당장 떠나갈지어다. 하나님 아버지, ○○○의 영혼이 잘되고 범사가 잘되며 강건하고 형통한 삶을 누릴 수 있도록 허락하옵소서. 반드시 ○○○를 고쳐주시고 복주시고 하나님의 귀한 일에 동참하는 일꾼 삼아 주실 줄 믿습니다.

하나님께서 ○○○를 사랑하시며 동거하심을 만민이 알게 하시고 ○○○의 삶을 통해 오직 하나님의 영광만 드러나게 하옵소서. 질병을 통하여 우리를 겸손케 하시고 오직 하나님만 의지하게 하신 그 사랑에 감사드립니다. 오늘도 살아서 강하게 역사하시는 예수 그리스도의 이름으로 기도드립니다. 아멘.

하나님이 내 손목을
꽉 잡고 계신다는 것을

위험으로부터 벗어나게 하옵소서 하고
기도하게 마옵시고,
위험에 처하여도 겁을 내지 말게 하옵소서 하고
기도하게 하옵소서

고통 속에서 벗어나게 해달라고
기도하지 말게 하옵시고,
고통 속에 처하여도 그 고통을 이길 수 있는
용기를 달라고 기도하게 하옵소서

인생의 싸움터에서 동료자를 찾게 해 달라고
기도하지 말게 하옵시고,
인생과 싸워서 이길 스스로의 힘을 달라고
기도하게 하옵소서.

근심스러운 공포 속에서 구원해 달라고
기도하게 마옵시고,
공포를 내가 싸워서 이길 용기를 달라고
기도하게 하옵소서.

겁장이가 되고 싶지 않습니다.
도와 주십시오.

너무너무 내가 기쁘고 성공했을 때만
하나님이 나를 도와 주신다고
생각하게 마옵시고,
매일매일 내가 슬프고 괴롭고
남이 나를 핍박하고
내가 배고플 때
하나님이 내 손목을 꽉 잡고 계신다는 것을
믿게 하옵소서.

- 타고르

2부
심방자를 위한
상황별
치유 기도문 II

다만 예수의 옷자락에라도
손을 대게 하시기를 간구하니
손을 대는 자는 다 나음을 얻으니라
(마태복음 14:36)

간질을 앓는 성도

> 여호와는 긍휼히 많으시고 은혜로우시며
> 노하기를 더디 하시고 인자하심이 풍부하시도다
> (시편 103:8)

우리의 작은 신음에도 응답하시는 긍휼이 많으신 하나님 아버지.
우리를 고아같이 버려두지 않으시고 돌보시는 그 은혜에 감사드립니다. 당신께서는 우리가 무엇으로 인하여 아파하는지 잘 아십니다. 외면하지 마시고 걸음마다 동행하여 주사 날마다 숨 쉬는 순간마다 지켜주시길 원합니다.

여기 이 자리에 나아와 하나님 앞에 무릎 꿇은 OOO를 살펴주소서. 하나님께서 친히 만져주심으로 치유되길 기대하며 나아왔사오니 일하시옵소서. OOO가 돌발적인 발작을 일으키며 몸을 가누지 못하고 쓰러지는 날이 많습니다. 한 번씩 발작이 일어날 때마다 주위 사람들을 놀라게 하고 걱정을 끼치게 되니 발작 이후에 스스로가 느끼는 수치심과 죄책감이 큽니다.

이 간질 증세로 인해 OOO가 극심한 정신적 고통을 겪고 있사오니 고쳐 주시옵소서.
먼저는 OOO의 마음을 만져주시길 원합니다. 언제 쓰러질지 몰라 불안에 떨고 있는 영혼을 평안하게 하여 주옵소서. 영혼이 평안해야 육신이 안정을 찾을 수 있사오니 그 영혼부터 치료하여 주시길 간구하나이다. 발작 시에 뻣뻣해지는 전신의 마디마디를 섬세한 손길로 안수해 주시옵소서. 호흡 곤란을 겪을 때에 막힌 기도를 뚫어주시어 시원하게 숨 쉴 수 있게 하여 주옵소서. OOO에게 맑은 정신이 무한히 샘솟게 하여 주시길 간절히 구합니다.

사람들은 간질병이 완치되는 것은 어려운 일이라고 말합니다. 그러나 만유의 주 여호와께서는 불가능한 것을 가능케 하시는 분이시니 이 병을 능히 고치실 수 있음을 확신합니다. 예수 그리스도의 피 묻은 약손으로 OOO의 뇌를 어루만져 주시옵소서.
하나님의 크신 능력과 그 얼굴을 바라오며 예수 그리스도의 이름으로 기도합니다. 아멘.

감기에 걸린 성도

내가 평안히 눕고 자기도 하리니
나를 안전히 살게 하시는 이는 오직 여호와이시니이다
(시편 4:8)

늘 변함없는 사랑으로 우리를 눈동자처럼 돌보아주시는 하나님 아버지.
주님의 깊으신 사랑에 감사를 드립니다. 낮에는 구름을 펴시어 덮개를 삼으시고 밤에는 불로 밝히셨으며 하나님의 백성이 주릴 때에 만나와 메추라기를 먹여주신 하나님 아버지의 은혜를 찬양합니다.

하나님 아버지, 이 시간 OOO의 건강을 위해 기도합니다. 지금 OOO는 감기로 고통 중에 있습니다. 감기로 인해 기침과 콧물이 끊이지 않으며 열이 끓어올라 온 몸의 힘을 잃었습니다. OOO의 몸이 속히 회복될 수 있도록 도움을 베풀어 주시옵소서.

감기에 걸린 이 시기로 인해 안식을 취할 수 있

게 하여 주시니 감사합니다. 해결해야 할 일들이 쌓여감에 따라 엄습하는 불안감이 OOO를 짓누르지 않게 도와주사 쉬는 동안에 평안을 누리게 하여 주옵소서. 과로와 스트레스로 인해 지쳐있던 영육을 깊이 터치하셔서 병의 근원이 되는 모든 요소는 뿌리까지 말끔히 제거하여 주시옵소서. 천사의 양 날개가 OOO를 평온하게 덮어주어 몸과 마음이 깨끗하게 정화되게 하여 주시옵소서.

OOO가 하나님이 허락해 주신 건강한 육신을 더욱 감사히 여기며 지혜롭게 단련하게 하여 주옵소서. OOO가 말씀과 기도로 영혼을 살찌우는 데에 시간을 아끼지 않는 사람이 되게 하옵소서. 모든 일에 절제하며 성실하게 임하는 삶으로 하나님의 기쁨이 되길 소망합니다. 어떠한 일에든지 긍정적이고 자신감이 넘치는 모습으로 살아 타인의 모범이 되는 자로 칭송받게 하옵소서.
온전한 회복을 이루실 예수 그리스도의 이름으로 기도합니다. 아멘.

관절염으로 괴로워 하는 성도

다닐 때에 네 걸음이 곤고하지 아니하겠고
달려갈 때에 실족하지 아니하리라
(잠언 4:12)

선한 목자 되신 하나님 아버지.
우리를 항상 가장 좋은 길로 인도하시고 돌봐주시는 하나님의 깊은 사랑과 은혜에 감사드립니다. 오늘 우리는 OOO의 관절염을 위해 기도합니다. OOO의 관절의 염증과 통증을 치료해 주옵소서.
OOO가 관절염으로 인하여 생활에 많은 불편을 겪고 있습니다. 하나님 아버지 OOO를 긍휼히 여기시서 이러한 불편과 고통에서 자유롭게 해주옵소서.

이 시간 나사렛 예수 그리스도의 보혈의 능력으로 명하고 선포하노니 OOO를 괴롭히는 관절염은 OOO의 관절에서 떠나갈지어다. 오직 성령의 치료하심만이 OOO를 주장하여 강건케 될지어다.

치료자 하나님 아버지 능력의 손으로 OOO의 관절과 골수를 치료해 주옵소서. OOO의 영혼을 살찌게 하시고 성령의 두루마기를 입혀주시며 하나님의 말씀으로 전신갑주도 입혀주옵소서.

OOO의 영혼과 몸이 사슴처럼 기뻐 뛸 수 있는 기쁨과 건강을 허락해 주옵소서. 우리를 위하여 십자가를 지시고 골고다 언덕을 오르신 예수 그리스도의 보혈의 사랑과 능력이 OOO의 삶에 충만히 넘치길 간구합니다.

OOO의 관절염이 회복되어 몸과 마음과 정성을 다하여 하나님 일에 더욱 봉사하고 가족과 성도들과 더욱 적극적이고 활발한 교제를 나누게 하시며 그에게 주어진 사명과 꿈을 잘 감당케 하옵소서.
우리의 참 목자 되시는 예수 그리스도의 이름으로 기도드립니다. 아멘.

교통사고를 당한 성도

이에 그 사람에게 이르시되 손을 내밀라 하시니
그가 내밀매 다른 손과 같이 회복되어 성하더라
(마태복음 12:13)

상한 갈대도 꺾지 않으시고 꺼져가는 심지도 끄지 않으시는 사랑 많으신 하나님 아버지.
그 크신 사랑과 은혜에 감사와 찬양과 경배를 드립니다.
하나님 아버지, 이 시간 우리는 교통사고를 당한 OOO를 위해 기도합니다. 먼저는 사고를 당하여 놀란 가족에게 믿음과 평안을 주셔서 더욱 기도하게 하시고 위로해 주옵소서.

하나님 아버지!
교통사고로 인하여 OOO는 몸과 마음에 큰 상처를 입었사오니 도와주옵소서. 부러지고 찢긴 상처에 친히 안수하시어 치료해 주옵소서. 생명에 지장이 없게 하시고 이전보다 더욱 몸과 마음이 강건하여지게 하옵소서. 지금 이 시간 OOO에게 특별한 은총과 사랑을 부어주옵소서.
주님의 크신 능력과 자비로 OOO를 치료하시고 성령 충만하게 하옵소서. 더욱 뜨거운 하나님의 보살핌으로 뼈마디와 피부와 세포를 회복시켜주시며 그 어떤 합병증이나 후유증도 생기지 않게 하옵소서. 그리고 다시는 이러한 교통사고가 일어나지 않게 하옵소서.

또한 교통사고로 인해 받은 정신과 마음의 충격에서 헤어나게 하시며 병상에 누워 있는 이 기간을 통해 하나님을 더 깊이 만나고 교제하는 의미 있는 시간이 되게 하옵소서. 모든 것에 합력하여 선을 이루시는 하나님께서 이 사고를 통하여 OOO가 잃는 것보다 얻는 것이 더 많게 하여 주시옵소서.

하나님의 큰 은혜와 사랑을 깊이 체험하는 시간이 되게 해주시길 간구합니다. 빠른 회복을 기대하고 간구하오며 우리의 참 생명 되시는 예수 그리스도의 이름으로 기도드립니다. 아멘.

두통으로 괴로워하는 성도

아무 것도 염려하지 말고 다만 모든 일에 기도와 간구로,
너희 구할 것을 감사함으로 하나님께 아뢰라
(빌립보서 4:6)

지금도 살아 계셔서 우리에게 새로운 소망을 주시고 선한 길로 인도하시는 하나님 아버지.
우리에게 지혜 위에 뛰어난 지혜를 베푸시며 사랑 위에 사랑을 부어주시니 참으로 감사합니다. 늘 모자람 없이 베풀어 주심으로 깊은 은혜를 체험케 하시는 하나님 아버지를 찬양하고 경배합니다.
이생의 자랑과 안목의 정욕에 사로잡혀 있었던 우리의 삶을 회개하오니 불쌍히 여기시고 용서하여 주옵소서. 근심과 염려를 하나님 앞에 온전히 내려놓지 못하는 우리의 고집과 어리석음도 용서해 주옵소서.

오늘 OOO의 심한 두통을 하나님 앞에 가지고 나와 기도합니다. 하나님 아버지, OOO의 두통이 너무나 심하여 구토가 날 지경이니 두통이

한번 찾아오면 하던 일을 중단해야 할 정도입니다. 마음의 평안을 유지할 수가 없어 진통제를 먹어야만 진정이 됩니다. 머리가 조여오고 뇌가 흔들리는 듯한 고통을 겪고 있습니다.

하나님 아버지, OOO를 불쌍히 여기시고 두통에서 자유를 얻게 하옵소서. 이 시간 나사렛 예수 그리스도의 보혈의 능력으로 명하노니 하나님의 귀한 자녀 OOO를 괴롭히는 두통은 OOO에게서 떠나갈 지어다. 예수 그리스도의 이름으로 명하노니 OOO의 생각과 마음에 오직 평안이 생수처럼 흘러넘칠지어다.

평강의 왕이신 하나님 아버지.
OOO의 일평생이 신령과 진정으로 하나님을 찬양하는 삶이 되게 하시고 주님의 자녀다운 성결과 평안의 삶을 누릴 수 있도록, OOO의 영혼과 환경에 복을 더하여 주옵소서. 그리하여 하나님과 동행하는 아름다운 삶을 사는 자녀가 되게 하옵소서. 우리의 마음과 생각을 감찰하시고 돌봐주시는 전능하신 우리 주 예수 그리스도의 이름으로 기도합니다. 아멘.

디스크로 고생하는 성도

> 그의 모든 뼈를 보호하심이여 그 중에서 하나도
> 꺾이지 아니하도다
> (시편 34:20)

우리를 창조하시고 만유의 주재가 되신 거룩하신 하나님 아버지.
죄악으로 인해 죽을 수밖에 없는 우리를 사랑하사 하나님의 자녀 삼아주시고 사랑과 은혜로 인도해 주심을 감사드립니다. 하나님 아버지, 우리는 하나님께서 함께해 주시지 않으면 아무것도 할 수 없는 나약한 존재이오니 늘 우리가 하나님의 사랑 안에 거하며 성령충만할 수 있도록 인도하여 주옵소서.

오늘 우리는 OOO의 디스크를 하나님 앞에 내려놓고 기도합니다. 하나님 아버지, 디스크로 인하여 고통 받고 힘들어 하는 OOO에게 온전한 치유를 통한 안식과 평안을 주옵소서.
디스크를 통해 OOO를 고통스럽게 하는 병마는 이 시간 나사렛 예수 그리스도의 보혈의 능력으로 명하노니 OOO의 몸에서 떠나갈지어다. 오직 거룩하신 하나님의 영으로 OOO의 몸과 마음은 강건케 될지어다. 그리스도의 신실하시고 변함없는 굳건한 사랑으로 OOO는 독수리 같은 청춘의 건강을 누리게 될지어다.

창조주 하나님 아버지, OOO가 건강한 몸과 마음으로 하나님 앞에 기뻐 뛰며 찬양하는 삶이 되게 하옵소서. 또한 타인을 향해 마음을 굽히고 고개를 숙일 줄 아는 따뜻하고 겸손한 인격의 그리스도인으로 살아가게 하옵소서. 또한 OOO의 삶에 항상 그리스도가 주시는 생수 같은 기쁨이 샘솟게 하옵소서.

메마른 땅에 단비를 내리시고 옥토가 되게 하시고 씨를 뿌려주시는 창조주 하나님께서 OOO의 몸에 필요한 모든 영양을 공급하시고 불필요한 모든 것을 제거하시며 치료해 주실 줄 믿습니다. 이러한 일들을 통하여 하나님 앞에 기도하게 해주신 하나님께 감사드리오며 우리의 치료자 되어주신 예수 그리스도의 이름으로 기도드립니다. 아멘.

만성피로에 지친 성도

이는 내가 그 피곤한 심령을 상쾌하게 하며 모든 연약한
심령을 만족하게 하였음이라 하시기로
(예레미야 31:25)

모든 피조물의 주권자 되신 하나님 아버지께 감사의 찬송과 존귀와 영광을 돌립니다. 바쁘고 고된 삶 가운데에서도 하나님 아버지 앞에 나아와 기도할 수 있도록 베풀어 주신 은혜를 감사합니다. 비록 지치고 가라앉은 육신으로 주 앞에 섰으나 그러한 모습조차 긍휼한 마음으로 품에 안아주시니 위로가 됩니다.

하나님 아버지, 지금 OOO는 만성피로로 인하여 매일 몸이 무겁고 마음이 짓눌려 있습니다. 해야 할 일은 많은데 몸이 가뿐하게 따라주질 않으니 심적인 부담도 날로 늘어갑니다.

책임이 늘어감에 따라 회피하는 마음이 생겨납니다. 스스로가 주도적으로 일을 이끌어 나가는 것이 아니라 일에 이끌려 끌려가는 느낌입니다.

자원하는 마음으로 매사에 임할 수 있도록 도와주시길 원하옵나이다.

하나님 아버지, OOO의 영혼에 넘치는 새 힘을 부어주시고 두 팔과 다리에 청춘을 주셔서 독수리같이 날아오르게 하소서. 넘치는 의욕으로 하루를 시작하게 하시고 진실한 감사로 주어진 일들을 열심히 잘 해나갈 수 있도록 도와주옵소서. 또한 몸과 마음의 건강을 잘 관리하여 항상 지치지 않게 하시고 만성피로의 근원적인 문제를 찾아내어 해결하게 하소서.

규칙적이고 꾸준한 운동과 식습관으로 체력을 잘 관리할 수 있도록 의욕을 더하여 주소서. 그리하여 주어진 사명을 감당하는 데 부족함이 없게 하옵소서. 분주한 삶이 하나님과의 관계를 갈라놓지 않도록 매일 무릎으로 하나님 앞에 나아가길 소망합니다.
이 모든 말씀을 후히 주시고 꾸짖지 아니하시는 예수 그리스도의 이름으로 기도합니다. 아멘.

백내장을 앓는 성도

예수께서 … 눈에 침을 뱉으시며 그에게 안수하시고 무엇이 보이느냐 물으시니… 그가 주목하여 보더니 나아서 모든 것을 밝히 보는지라 (마가복음 8:23, 25)

아름답고 놀라우신 예수의 이름을 높이며 찬양합니다. 저 높은 하늘 보좌에서 이 낮고 천한 땅에 오시어 치유의 사역을 감당하신 주여.
우리를 위해 보배로운 피 흘리신 그 순결한 은혜를 어찌 감사하지 않겠습니까. 부활 승천하신 후 보내신 성령으로 동일한 치유의 능력을 드러내어주심이 놀랍습니다.

이 시간 치유를 기대하고 갈망하는 OOO의 마음을 굽어 살피시옵소서. 사람에게 눈을 주신 것은 하나님께서 지으신 세상만물을 보며 찬양하게 하심인 줄 압니다. 그런 귀한 목적으로 주신 OOO의 눈이 백내장에 걸려 있습니다. 수정체가 뿌옇게 변하여서 보는 데에 불편과 어려움을 겪고 있습니다.
한 번 혼탁이 발생한 수정체가 쉽게 맑아지지

않아 수술을 해야 할 상황에 이르렀사오니 주님께서 직접 고쳐주시옵소서. 뿌연 수정체로 인해 온통 흐리게 보이는 세상을 다시금 밝혀주시옵소서. OOO의 눈을 생명의 물로 씻어주셔서 맑고 밝게 빛나는 눈으로 회복시켜 주시옵소서.
깨끗케 된 눈으로 하나님이 선물로 주신 자연과 세상을 바라볼 수 있길 원합니다. 무엇보다 하나님의 말씀인 성경을 사모하며 묵상하는 일에 힘쓸 수 있도록 눈을 밝혀 주옵소서.

그가 내게 간구하리니 내가 그에게 응답하리라고 말씀하신 하나님께 전심으로 아룁니다. 이전보다 더 나은 상황으로 OOO를 인도하여 주시옵소서. 이 병을 전화위복의 계기로 삼아 주사 하나님의 살아계심을 모든 이에게 나타내옵소서. 환난 당할 때에 건지고 영화롭게 하여 주시니 감사합니다.
우리의 참 구주 예수님 사랑합니다. 만왕의 왕 예수 그리스도의 이름으로 기도합니다. 아멘.

불임으로 고민하는 성도

아브라함이 하나님께 기도하매 하나님이 아비멜렉과 그의
아내와 여종을 치료하사 출산하게 하셨으니
(창세기 20:17)

하늘의 달과 별과 해를 지으시고 땅의 모든 움직이는 생물과 아름다운 초목을 무성하게 자라나게 하시는 창조주 하나님 아버지.
하나님께서 은총을 베풀어 주셔서 땅 아래 모든 것들을 돌보시며 풍성한 소산을 우리의 삶에 허락하여 주시니 참으로 감사합니다. 동일한 은총이 오늘 기도드리는 이 가정에 풍성한 사랑으로 넘치게 하옵소서.

불임으로 신음하며 고통스러워하는 OOO의 가정을 위해 기도하오니 불쌍히 여기시고 그 태에 열매를 주옵소서. 하나님의 사랑 안에서 세워진 아름다운 이 가정에 아직 자녀가 없어 겪는 고통을 이루 말로 다 할 수 없습니다.
모든 생명의 주관자는 오직 하나님이심을 고백하오니 아버지여, 이 가정에 건강한 자녀를 주옵소서. 이 부부가 평강과 희락과 화평과 오래 참음으로 자녀를 기다리며 기도하게 하시고 서로 깊이 이해하고 사랑하며 더욱 친밀한 교제를 나누게 하여 주옵소서. 인내하는 자에게 상주시는 하나님의 은혜를 믿고 기다릴 때에 기쁨과 감사로 기다리게 하옵소서.

OOO가 건강하게 임신하고 출산하여 하나님의 말씀으로 자녀를 잘 양육하는 어머니가 되기를 바라며 기도하오니 우리의 간절한 기도를 들어주사 바라는 것들이 실상이 되게 하옵소서.
간절히 자녀를 바라고 있는 이 가정의 간구를 들으시고 응답해 주실 하나님을 기대하며 찬양합니다. 이 가정에 하나님께서 예비한 귀한 자녀를 허락해 주시고 그 자녀를 통하여 크신 영광 받으옵소서.
우리의 생명 되시며 우리의 공급자 되시는 예수 그리스도의 이름으로 기도합니다. 아멘.

비만 (섭식장애)

내게 주신 그의 은혜가 헛되지 아니하여 내가 모든 사도보다 더 많이 수고하였으나 내가 한 것이 아니요 오직 나와 함께 하신 하나님의 은혜로라 (고린도전서 15:10)

사랑이 많으신 하나님 아버지.
우리가 그리스도의 사랑을 본받아 이웃을 위해 사랑과 수고를 아끼지 않는 성실함을 더하여 무엇을 하든지 감사하며 절제할 수 있는 인내심을 허락하여 주옵소서. 그리하여 우리의 삶 전체를 통하여 하나님의 영광이 드러나게 하여 주시옵소서.
하나님 아버지, 오늘 우리는 OOO의 건강을 위해 기도합니다. OOO는 비만으로 인해 심한 스트레스와 불편을 겪고 있습니다. 지금 우리가 살고 있는 이 시대는 땅이 병들고 음식이 병들고 식습관은 불균형하여 비만과 섭식장애로 고생하는 사람들이 많습니다.
비만으로 인해 대인관계에 자신감을 잃게 되고 스트레스를 받으며 스스로를 만족하지 못하고 부끄러워하는 마음이 들 때가 있습니다. 또한 비만의 합병증에 노출되어 있습니다. 이러한 부정적인 질병으로부터 자유를 누리게 하옵소서. 먼저 OOO의 비만이 유전적 요인이라면 하나님의 크신 은혜로 그 질병의 근본 뿌리를 뽑아주시고 환경적 요인이라면 환경을 스스로 바꾸고 바꿀 수 없다면 변화시키고 조절할 수 있게 하시고 심리적인 요인에서 비롯된 것이라면 성령께서 친히 가슴에 품고 마음을 위로하시고 평안을 주옵소서.

OOO에게 평안한 마음을 주셔서 건전한 식습관과 부지런한 생활 습관을 갖게 하여 주옵소서. OOO가 주어진 삶을 기쁘게 즐기며 자신을 소중히 여기고 돌볼 수 있게 하옵소서. 그리하여 주님께서 우리에게 허락하신 귀하고 값진 하루하루를 더욱 행복하고 아름답게 누리게 하옵소서. 오직 성령께서 OOO의 마음에 성령의 기쁨을 채워주시고 참된 사랑으로 충만케 하옵소서. OOO가 이웃을 향해 사랑을 나눠주는 복된 하나님의 자녀로 살게 하여 주시길 소망합니다. 이 모든 소원 우리의 모든 것 되시는 예수 그리스도의 이름으로 기도합니다. 아멘.

비염으로 고생하는 성도

> 내 모든 규례를 지키면 내가 애굽 사람에게 내린 모든 질병 중 하나도 너희에게 내리지 아니하리니 나는 너희를 치료하는 여호와임이라 (출애굽기 15:26)

철을 따라 우리에게 꿀을 먹이시고 풍성한 열매를 허락하시는 하나님 아버지.
모든 좋은 것으로 우리를 채워주시고 인도해 주시는 하나님의 은혜를 감사드립니다. 또한 맑은 공기와 빛나는 태양을 느낄 수 있는 감각을 우리에게 허락하신 하나님의 섬세하신 손길을 찬양합니다.

하나님, 오늘 우리는 OOO의 비염을 치료해 주시기를 기도드립니다. 비염으로 인하여 OOO는 학업과 업무에 집중하기 어렵고 일상생활에도 많은 곤란과 불편을 겪고 있습니다. 비염으로 인하여 밤에 숙면을 취하기 어려우니 아침에도 여전히 피로가 풀리지 않고 낮에도 속 시원하게 숨을 쉬기 어렵습니다.

하나님 아버지, 불쌍히 여기시고 OOO의 비염을 치료해 주시기를 간구합니다. 비염과 알레르기와 각종 호흡기질환의 근본 원인을 하나님은 무엇인지 정확히 알고 계시오니 치료해 주사 언제나 강건한 몸과 마음으로 주어진 삶을 적극적이고 자신감 있게 살게 하옵소서.

비염으로 인하여 대인관계의 어려움이 있고 생활을 하며 겪는 불편으로 인해 심적 부담과 긴장감도 컸사오니 마음에 평안을 주시고 치료의 확신을 주옵소서. OOO의 체질의 연약한 부분에 예수 그리스도의 피 묻은 손으로 안수하여 주셔서 치료가 임하게 하옵소서.

비염을 일으키는 모든 유전적 환경적 요인을 제하여 주사 하나님께서 OOO에게 주신 사명에 집중히여 감사함으로 일하고 공부하고 기도할 수 있도록 도와주옵소서. 그리하여 하나님이 지으신 이 세계의 맑은 공기와 아름다운 향기를 세밀하게 느낄 수 있게 하옵소서.

오늘도 살아계신 예수 그리스도의 이름으로 기도합니다. 아멘.

수면장애

네가 누울 때에 두려워하지 아니하겠고
네가 누운즉 네 잠이 달리로다
(잠언 3:24)

온 세상 만물과 모든 인간의 역사를 창조하시고 섭리하시는 능력자 여호와 하나님 아버지. 한없이 넓고 크신 은혜에 감사와 찬양과 영광을 돌려드립니다. 하나님께서 지으신 아름다운 해와 달과 별을 보며 무한한 감격을 느낍니다. 우리가 대체 무엇이관데 이토록 경이로운 자연과 삶을 선물하여 주셨는지요.

오늘 우리는 수면 장애로 힘들어 하는 OOO를 위해 기도합니다. 수면장애로 인해 OOO는 매우 힘겨워 하고 있습니다. 정상적인 생활을 하기에 힘이 부족하고 피로감에 시달립니다.
사랑하는 자에게 잠을 주시는 하나님 아버지, OOO에게 달고 깊은 잠을 주옵소서. 적절한 때에 자고 깰 수 있도록 깨어진 신체 리듬을 회복시켜 주옵소서.

잠을 이루지 못하는 이유가 정신적인 문제라면 OOO에게 세상이 줄 수 없는 참 평안을 주시고 생리적인 문제라면 그 문제의 근원을 치료해 주시며 환경과 생활 습관의 문제라면 그것을 기억나게 하셔서 고치고자 노력하게 하옵소서. 혹은 변할 수 없는 외부로부터의 문제라면 그 문제를 해결하여 주시며 다시금 바로잡아 주옵소서.

이 기도를 통하여 하나님께서 OOO를 더욱 긍휼히 여기시고 수면 장애를 치료해 주시길 간절히 소망합니다. 또한 이러한 시간을 통해 주님과 더욱 깊은 대화를 나누고 친밀한 교제를 나누게 하여주시며 외롭고 고통 받는 자들을 위해 기도하게 하여 주사 이 시간을 통해 더욱 창조적인 일들을 할 수 있게 하옵소서. 그리하여 OOO가 그리스도의 마음을 품은 성숙한 그리스도인으로 살아가게 하옵소서.
전능하신 하나님께서 홀로 영광 받으시길 바라오며 우리 주 예수 그리스도의 이름으로 감사하며 기도드립니다. 아멘.

안전사고를 당한 성도

> 여호와께서 너를 지켜 모든 환난을 면하게 하시며
> 또 네 영혼을 지키시리로다
> (시편 121:7)

하나님 아버지께서 행하신 일들과 그의 기이한 일들을 찬양합니다. 하나님은 우리의 구원의 반석이 되시며 인자하시고 정의로우신 만왕의 왕이심을 인하여 찬양과 송축을 올려드립니다. 여호와 하나님은 선하시며 인자하심이 영원하고 성실하심이 대대에 이르심을 우리가 찬양하오니, 오늘 이 시간 우리의 기도에 귀를 기울이시고 간구를 들어주옵소서.

사고를 인하여 다치고 고통 중에 있는 OOO를 위해 간구합니다. 우리의 기도를 들으시고 OOO의 아픔과 상처를 속히 치료해 주옵소서. 갑작스런 사고로 마음이 놀라고 몸은 상처 입었사오니 그 몸과 마음에 불같은 성령의 능력으로 안수하셔서 모든 아픈 것을 치료해 주시옵소서. OOO와 가족들의 마음을 하늘의 평안으로 덮어주시고 진정하게 하옵소서.

예수 그리스도의 보혈의 능력으로 OOO를 치료하옵소서. 모든 상처와 뼈마디와 피부가 건장한 청년처럼 회복되게 하옵소서. 다시는 이러한 사고를 당하지 않게 하시고 항상 OOO를 눈동자와 같이 지켜주시는 하나님의 크신 은혜를 허락하여 주옵소서.

사고 후에 남아 있는 두려움에서 자유롭게 하시며 이 사고를 통하여 타인의 아픔과 사고를 위해 기도하는 사랑이 충만한 하나님의 자녀로 성숙케 하옵소서. OOO에게 당한 아픔과 상실한 것으로 인하여 낙심되는 마음을 헤아리시고 더욱 크신 은혜를 부어주셔서 그의 일생이 하나님의 은혜와 자비 가운데 행복하고 충만하길 간구합니다. 그리하여 OOO의 삶을 통하여 오직 하나님의 자비와 은총이 온 천하에 드러나게 하옵소서. 여호와 라파 치료하시는 하나님께서 세밀하게 OOO를 돌보아 주시는 은혜를 감사드립니다. 작은 신음과 아픔도 외면하지 않으시고 들으시는 살아계신 우리 주 예수 그리스도의 이름으로 기도합니다. 아멘.

외상 후 스트레스

> 예수께서 곧 그들에게 말씀하여 이르시되
> 안심하라 내니 두려워하지 말라 하시고
> (마가복음 6:50)

사랑이 많으신 하나님 아버지.
우리의 눈물과 상처를 씻어주시고 품어주시는 아버지. 상한 갈대도 꺾지 않으시며 꺼져가는 등불도 끄지 아니하시는 자비로우시는 하나님 아버지께 감사와 찬양을 드립니다.
이 험난하고 각박한 세상을 살며 우리는 예상치 못했던 사건과 사고 앞에서 상처와 충격을 받고 아픔을 겪게 되었습니다.
그로 인하여 OOO는 큰 충격에서 헤어나지 못하고 고통 가운데 있사오니 아버지여, 이 시간 그 어느 때보다 불같이 바람같이 성령으로 OOO에게 임하셔서 그 모든 상처를 치료해 주옵소서. 그 충격에서 헤어날 수 있도록 성령님, 강권하여 주옵소서.
기도할 힘조차 없는 OOO가 이렇게 하나님 앞에 무릎 꿇고 나아와 무거운 짐을 내려놓사오니 우리의 모든 짐을 받아주옵소서. 사랑이 많으신 신실하신 하나님 아버지. 이러한 충격적인 일을 겪게 된 아픈 마음에 피 묻은 그리스도의 손으로 친히 안수해 주셔서 마음을 회복해 주옵소서. 여호와 하나님이시여 주께로 피하오니 OOO의 영과 혼과 육을 고통에서 건지시고 기쁨을 회복해 주옵소서.

이러한 일들을 통하여 마음속에 들어온 두려움을 물리쳐 주시고 그 안에 하나님께서 주시는 생수 같은 기쁨과 참된 평안이 가득 넘쳐흐르게 하옵소서. 하나님의 도우심이 있어야만 OOO는 일어설 수 있음을 아시오니 주여, 그 의로운 얼굴을 OOO에게 향하시고 그 크신 팔을 OOO를 향해 뻗어주옵소서.

광풍을 고요하게 하사 물결도 잔잔하게 하시는 평온과 능력의 주님께서 OOO의 삶에 닥친 상처와 충격적인 사건을 잊게 하시고 씻어주실 줄 믿습니다. 이전 것은 지나가고 새것이 되게 하옵소서. OOO를 양떼같이 지켜주옵소서.

우리의 치료자 되시고 위로자 되신 예수 그리스도의 이름으로 기도합니다. 아멘.

장염에 걸린 성도

> 수고하고 무거운 짐 진 자들아 다 내게로 오라
> 내가 너희를 쉬게 하리라
> (마태복음 11:28)

만세 전부터 우리를 택하시어 자녀 삼아주신 하나님 아버지.
우리에게 귀한 독생자 예수 그리스도를 보내주셔서 구원해 주신 사랑과 은혜에 감사드립니다.
이 시간 우리 가운데 오셔서 크신 은혜 내려주시고 하늘의 평강을 더해주옵소서.

하나님 아버지께서 사랑하시는 자녀 OOO가 장염으로 고생하고 있습니다. 설사와 복통이 자주 반복되어 거북한 속을 달랠 길이 없습니다. 구토를 하는 일이 잦아 심신이 쉽게 지치며 온 몸의 기운이 소진되어 가는 느낌입니다.
힘과 능력의 근원되시는 하나님께서 OOO에게 새 힘을 공급하여 주시옵소서. 하나님의 생기를 불어 넣어 주셔서 OOO의 장을 새롭게 회복시켜 주옵소서.

OOO가 그 누구보다 건강한 자 될 수 있기를 소망하며 구하오니 장염의 원인이 되는 모든 균을 제하여 주셔서 모든 염증과 고통에서 자유롭게 하여 주옵소서. OOO의 오장육부가 깨끗케 되고 강건케 되게 하셔서 이전보다 더욱 나은 생활을 할 수 있게 하옵소서.
그리하여 다시 정상적인 식사를 하며 먹고 마시는 것의 감사함과 기쁨을 누릴 수 있도록 도와주옵소서. 그리하여 우리가 무엇을 먹고 마시든지 모두 하나님의 영광을 위해 할 수 있게 하옵소서.

OOO가 독수리 날개 치며 올라감 같은 강력한 에너지를 얻어 오늘도 내일도 승리하며 살아가도록 날로 힘을 더하여 주옵소서. 우리의 작은 신음에도 관심과 사랑으로 응답해 주시는 사랑의 하나님께 감사드리오며 우리 주 예수 그리스도의 이름으로 기도드리옵나이다. 아멘.

청각장애

하나님은 우리의 피난처시오 힘이시니
환난 중에 만날 큰 도움이시라
(시편 46:1)

선하시며 인자하심이 영원하신 하나님 아버지. 고통 받는 자의 기도에 응답하시는 자비와 은혜가 충만하신 하나님 아버지를 찬양합니다.
이 시간 OOO의 청력을 위해 기도합니다. 요즘 소리가 잘 들리지 않아 생활에 어려움이 있고 마음에도 큰 상처가 되고 있습니다. OOO의 편이 되시는 여호와께서 속히 응답하시고 그로 하여금 두려워하지 않게 하옵소서. 하나님의 크신 권능의 오른팔로 OOO를 붙들어 주옵소서.
OOO의 영혼이 사냥꾼의 올무에서 벗어난 새 같이 자유롭게 하옵소서. 청력의 약화로 인하여 겪는 모든 고통에서 벗어나게 하여 주옵소서. OOO를 도우실 이는 오직 천지를 지으신 여호와 하나님 한 분뿐이심을 고백합니다.
이 시간 예수 그리스도의 보혈의 능력으로 명하노니 OOO의 청력을 방해하는 병마는 OOO에게서 속히 떠나갈지어다. 예수 그리스도의 이름으로 선포하노니 OOO의 귀는 건강하게 될지어다.
하나님 아버지, OOO에게 에바다의 역사가 지금 임하게 하옵소서. 앉은뱅이를 뛰게 하시며 눈멀고 귀먹은 자를 고치시고 죽은 자도 살리시는 예수 그리스도의 치유의 역사가 OOO에게 임하게 하옵소서. 하나님께서 반드시 OOO를 고쳐주시리라 믿고 감사드립니다.

사랑의 하나님, 이러한 고난을 통해 우리는 주의 말씀을 배우고 깨닫습니다. 더욱 겸허해지며 하나님의 권능과 은혜를 사모하게 됩니다. 주님의 말씀이 그의 삶에 가장 큰 즐거움이 되게 하셔서 항상 금과 은보다 사모하며 깨닫는 지혜로 충만케 하옵소서. 진실로 OOO를 사랑하시는 하나님 아버지께서 그의 평생을 인도하시며 보호하실 줄 믿습니다. OOO의 삶에 부족함이 없게 하시고 그를 통하여 하나님의 영광이 온 천하에 드러나게 하옵소서. 살아계신 치료자 우리 주 예수 그리스도 이름으로 기도합니다. 아멘.

폐렴으로 고생하는 성도

호흡이 있는 자마다 여호와를 찬양할지어다 할렐루야
(시편150:6)

사랑과 은혜가 충만하시며 모든 생사화복을 주관하시는 전능하신 하나님 아버지.
아버지의 광대하심과 아버지의 거룩하심과 아버지의 깊으신 사랑을 찬양하고 감사드립니다.

하나님 아버지, 오늘 OOO의 폐렴을 위해 기도합니다. 믿음의 기도는 병든 자를 구원한다고 말씀하셨으니 간곡히 부르짖는 우리의 기도를 들으시고 OOO를 치료하여 주옵소서. 오늘 이 시간 우리는 OOO가 폐렴에서 낫기를 간절히 기도하오니 반드시 치료해 주옵소서.
OOO가 폐렴으로 인하여 몸에 심한 고통을 겪고 있고 마음도 지쳤사오니 모든 염증을 가라앉혀 주사 약한 부분을 더욱 강하게 하시며 허약해진 몸에 충분한 영양분이 공급되게 하옵소서. 그리하여 탐스러운 열매를 많이 맺는 건강한 나무처럼 온몸 구석구석이 힘을 얻게 하옵소서.
우리의 인생과 우리의 육신은 말라버리는 풀처럼 연약하오나 성령의 충만한 은혜로 OOO의 몸에 건강의 생수가 넘치게 하시고 마르지 않는 생명의 샘물이 흐르게 하옵소서. 또한 폐렴을 회복할 수 있는 강한 면역력을 더해 주옵소서.

질병을 통하여 우리를 하나님께로 나아오게 하시고 더욱 따뜻하게 품에 안아주시고 다독여 주시는 하나님 아버지의 크신 사랑에 감사드립니다. OOO가 더욱 하나님과 깊은 사랑을 나누게 하셔서 하나님의 말씀을 사모하고 그 음성을 기대하며 듣는 복된 자녀가 되게 하옵소서.
앞으로 OOO의 삶이 곧 하나님을 향한 예배가 되게 하시고 OOO의 입을 통해 나오는 모든 말이 찬양과 기도가 되게 하시며 OOO를 통해 하늘나라가 확장되는 아름다운 역사가 충만케 되기를 소원합니다.
감사와 찬양을 올려드리며 우리의 구원자이신 예수 그리스도의 이름으로 기도합니다. 아멘.

피부질환

> 보시고 이르시되 가서 제사장들에게 너희 몸을 보이라
> 하셨더니 그들이 가다가 깨끗함을 받은지라
> (누가복음 17: 14)

피곤한 심령에 평안과 안식을 주시는 하나님. 하나님께서 우리의 삶에 이루신 기이한 일들을 찬양합니다. 주는 심히 위대하시며 존귀와 권위로 옷을 입으셨습니다.

하나님 아버지여, 오늘 우리는 피부질환으로 고생하고 있는 OOO를 위해 기도합니다. 우리의 체질을 아시며 우리가 단지 먼지뿐임을 아시는 하나님 아버지. 연약한 OOO를 불쌍히 여기시고 이러한 피부질환에서 놓임을 받게 하옵소서. 이 피부질환으로 인하여 OOO는 많은 스트레스를 받고 있고 고통 가운데 있습니다. 피부질환은 겉으로 드러나는 것이기에 사회생활을 해야 하는 OOO에게 더욱 부담이 됩니다.
이러한 피부 질환의 근본 원인을 하나님께서 치료해 주셔서 피부질환으로 인한 모든 문제에서

자유롭게 하옵소서. 피부질환을 유발하는 모든 유전적 요인과 환경적 요인을 분명히 구별하여 다시는 악화되지 않게 하시고 피부세포가 새로 재생되어 건강한 피부가 되게 하옵소서. 또한 OOO가 항상 하나님을 사모하고 주의 말씀을 주야로 묵상하며 기뻐하게 하셔서 말씀의 은혜로 OOO의 얼굴이 해 같이 빛나게 하옵소서.

하나님은 자기를 경외하는 자에게 영원에서 영원까지 이르며 그의 의가 자손에까지 이르게 하시는 분이시오니 오늘 이렇게 아버지 앞에 나와 감사와 찬양 드리며 간구하는 기도를 들으시고 OOO의 피부질환을 치료해 주옵소서.

우리의 삶에 기이한 일을 행하시고 우리를 가장 선한 길로 인도하시는 예수 그리스도의 이름으로 기도합니다. 아멘.

화상 입은 성도

내가 너의 상처로부터 새 살이 돋아나게 하여
너를 고쳐 주리라
(예레미야 30: 17)

흙으로 사람을 빚으시어 코에 생기를 불어 넣으시고 우리를 지으신 창조주 하나님 아버지.
오늘날 우리를 사랑으로 인도하여 하나님의 자녀로 삼아주신 아버지의 크신 은혜에 찬양과 영광과 경배를 올려드립니다. 하나님 아버지께서 우리를 언제나 눈동자처럼 보호해 주심을 믿고 감사드립니다.
오늘 우리는 화상을 입은 OOO를 위해 기도합니다. OOO가 화상을 입었으나 무사히 생명을 지켜주심을 감사드립니다. 그러나 화상으로 인해 극심한 고통 중에 있사오니 불쌍히 여기시고 OOO를 도와주시고 치료해 주옵소서.
OOO를 위해 그 죄 없는 머리 위에 가시면류관을 쓰시고 마지막 피 한 방울까지도 아낌없이 쏟으신 사랑의 예수님.
OOO의 화상이 빠르게 회복되게 하사 피부가

재생되어 원만히 호흡하게 하옵소서. 또한 화상으로 생긴 상처에 새 살이 돋게 해주옵소서. 그리하여 이전처럼 매끄러운 피부를 허락해 주시고 흉터가 남지 않도록 예수 그리스도의 피 묻은 손으로 친히 안수해 주옵소서.

OOO의 아픔을 누구보다 안타까워하시고 눈물 흘리시는 사랑의 하나님 아버지. 화상으로 인해 마음이 놀라고 낙심한 OOO의 마음을 치료하시고 그리스도의 소망으로 채워주옵소서.

다시는 이러한 사고가 나지 않게 하시며 이전보다 더욱 건강하고 복된 삶을 살 수 있도록 크신 은혜와 사랑을 베풀어 주옵소서. 하나님은 어제나 오늘이나 변함없이 살아계셔서 OOO의 삶 가운데 역사하시는 하나님이심을 OOO가 확실히 믿을 수 있도록 그 생각과 마음을 주장하여 주옵소서.

OOO의 일생이 하나님과 동행하며 참된 희락과 안식을 얻는 복된 삶이 되기를 예수 그리스도의 이름으로 축복합니다. 이 모든 간구를 우리를 위해 몸 찢고 피 흘리셨던 예수 그리스도의 이름으로 기도합니다. 아멘.

화병으로 괴로워하는 성도

> 여호와께서 나를 위하여 보상해 주시리이다
> 여호와여 주의 인자하심이 영원하오니 주의 손으로
> 지으신 것을 버리지 마옵소서 (시편 138:8)

인간의 생사화복을 주관하시는 전능하신 하나님 아버지.
오늘도 우리의 생각과 마음을 감찰하시는 아버지의 돌보심에 감사드립니다. 우리의 탄식과 신음을 들으시고 보살펴 주시며 걸음마다 인도하여 주시는 주님. 오직 우리에게 평안을 주시는 이는 여호와 하나님 한 분뿐이심을 이 시간 고백합니다.
우리의 상담자 되신 하나님 아버지. 화병으로 고생하고 있는 OOO를 위해 기도합니다. OOO의 화병을 치료해 주옵소서. OOO의 마음에 안수하시어 마음이 답답하고 억울하고 우울한 것에서 놓여날 수 있도록 도와주옵소서. 하나님 앞에 모든 것을 회개하고 고백하게 하시고 삶의 모든 문제를 오직 전능하신 하나님 앞에 다 내려놓을 수 있게 하옵소서.

화병으로 인하여 낙심하고 지친 OOO의 몸과 마음을 위로해 주시고 마음에 기쁨과 소망이 넘치게 하옵소서.

나사렛 예수 그리스도의 보혈의 능력으로 명하노니 OOO의 마음을 답답하게 하고 고통스럽게 하는 화병과 울분은 떠나갈지어다. 오직 화평케 하시는 성령의 역사가 지금 이 순간부터 OOO와 OOO의 삶을 충만케 할지어다.

우리의 연약함을 꾸짖지 아니하시고 도우시는 성령 하나님께서 OOO의 마음의 상처와 분노와 두려움과 근심을 성령의 불로 태워주시고 하나님의 은혜로 채워주옵소서.

그리스도의 사랑 안에서 형제와 자매를 용서하고 사랑하고 이해하는 넓은 마음을 주사 우리의 삶을 주관하시고 보호해 주시는 신실하신 하나님의 사랑을 누리는 자녀가 되게 하옵소서.

오직 우리의 안식처는 예수 그리스도뿐임을 고백하오며 오늘도 살아서 역사하시는 우리 주 예수 그리스도의 이름으로 기도합니다. 아멘.

수술 앞둔 환자

네 빛이 새벽 같이 비칠 것이며 네 치유가 급속할 것이며
네 공의가 네 앞에 행하고
여호와의 영광이 네 뒤에 호위하리니 (이사야 58:8)

열방을 통의 한 방울 물같이 여기시는 하나님, 모든 문제보다 크고 위대하셔서 세상 만물을 다 스리시는 아버지 하나님을 찬양합니다. 이 시간 수술을 앞둔 OOO를 위해 간구하오니 강하고 급한 성령의 바람을 일으켜 주사 부르짖음에 응답하여 주소서.

OOO는 이제 곧 ◇◇ 수술을 받게 됩니다. 수술 날짜가 확정되는 순간부터 지금까지 OOO는 근심을 이기지 못해 마음의 평안을 충분히 누리지 못했습니다. 대대적인 수술인 만큼 걱정이 앞서며 두려움이 차오릅니다. OOO가 두렵다고 움츠리기만 할 것이 아니라 강하고 담대하게 나아가 전신갑주를 취하게 하여 주옵소서. 그리하여 기꺼운 마음으로 하나님 아버지 앞에 자신의 몸을 맡겨드리며 치료하실 하나님을 온전히 신뢰하게 하여 주옵소서.

수술을 진행하는 의료진들 각각의 손을 붙잡아 주사 침착하고 신중하게 수술에 임하게 하여 주시옵소서. 수술실 밖에서 온 몸과 마음을 던져 기도하며 기다리는 가족들과 친지들을 기억하시고 그들의 갈급한 기도에 응답하여 주옵소서. 특별히 간구하는 것은 수술을 받는 당사자 OOO가 도울 일 없는 사람의 힘에 의존하는 것이 아니라 이 수술을 친히 이끄시고 지도하실 하나님을 의뢰하도록 도와주옵소서.

OOO의 눈앞에 칠흑 같은 어둠이 일렁이고 있사오나 오히려 그 안에서 빛을 발견할 수 있길 원합니다. 캄캄하고 막막한 어둠 속에서도 빛을 볼 수 있도록 OOO의 영안이 열리게 하여 주시옵소서. 그리하여 OOO의 가슴에 소망이 충만히 차올라 찰랑거리는 기쁨을 누리게 하소서. 말씀의 메스와 성령의 거즈로 OOO를 덮으시고 품어 주옵소서. 수술의 처음 시작부터 마치는 끝까지 함께하여 주실 하나님 아버지 참으로 감사합니다. 이 수술의 집도자 되어주실 하나님 아버지께 모든 과정을 맡겨 드립니다. 예수 그리스도의 이름으로 기도합니다. 아멘.

수술 회복기

내 이름을 경외하는 너희에게는 공의로운 해가 떠올라서
치료하는 광선을 비추리니 너희가 나가서 외양간에서
나온 송아지 같이 뛰리라 (말라기 4:2)

위대하고 강하신 주님이시여.
사망 권세를 이기시고 부활하신 주님의 영광을 높여 찬양합니다. 하나님께서는 천하에 범사가 기한이 있고 모든 목적이 이룰 때가 있다고 말씀하셨습니다. 뜻밖에 얻은 병으로 인해 고통받을 때가 있으면 하나님의 은혜로 치유와 회복의 역사가 일어나 깨끗이 낫는 때가 있는 줄을 믿습니다.
이 시간 힘겹고 고통스러운 수술을 마치고 지쳐있는 OOO의 영혼을 만져주소서. 회복의 때를 기다리고 있는 OOO가 평안하게 안정을 취할 수 있도록 도와주옵소서. 수술로 인한 후유증 없도록 보호하여 주시며 빠른 회복을 경험하게 하여 주시옵소서. 그리하여 앞으로는 꾸준한 운동과 규칙적인 생활로 하나님이 선물하신 건강을 잘 지켜내기에 힘쓰게 하여 주옵소서.

올려드리는 기도의 마디와 구절마다 하나님께 열납되는 은혜가 있기를 기도하오니 이 간절한 기도를 향으로 받아 주시길 전심으로 바라옵나이다.
사람과 세상 앞에서 하나님의 살아계심을 선포하여 찬양할 수 있게 되길 소망합니다. 입술을 떼는 순간마다 그것이 감사가 되고 기도가 되게 하여 주옵소서.

육신의 수술이 곧 영혼의 수술인 줄을 깨닫게 하여 주시니 참으로 감사합니다. ◇◇병을 선고받고 수술을 받기까지 몹시도 술렁이던 마음들을 붙잡아 주신 하나님 아버지. 치료하는 주권자가 하나님임을 알게 하시고자 이 모든 상황을 계획하시고 인도하신 줄을 압니다. 지금 여기에서 ○○○와 함께하시는 임마누엘의 하나님을 바라봅니다.
굳건한 반석처럼 흔들리지 않는 믿음으로 회복을 소망하며 나아가게 하여 주시옵소서. 완전하고 아름다우신 치유자 예수 그리스도의 이름으로 기도합니다. 아멘.

웨슬리의 기도

지극히 은혜롭고 자비하신 주님
주님만이 상처입은 정신을 치유하시고
번민하는 마음을 평정케 하시오니
주께 구원을 바라옵니다.

영육의 위대하신 치료자시여
약하고 낙심한 정신을 위로하소서.
주님만이 나를 구원하시옵니다.

구원를 바라며 주님께 간구합니다.
간절한 저의 기도를 들으시고
저의 믿음을 주께 두시며
안온하고 평온하며 기쁜 마음을
다시 회복케 하소서.

우리 주님의 구원하심을
조용하게 기다리고 바라는 것이
진실로 선한 일이옵니다.

주님의 안식처를 허락하시옵고
저의 영혼이 더이상
소용돌이 치지 않게 하옵소서.

당신의 안식처를 허락하사
저의 영혼이 주님 안에서
구원을 얻고 안식하게 하여 주옵소서.
아멘

3부
마음과 습관
치유기도문

나의 평안을 너희에게 주노라
내가 너희에게 주는 것은
세상이 주는 것과 같지 아니하니라
너희는 마음에 근심하지도 말고 두려워하지도 말라
(요한복음 14:27)

근심

내 속에 근심이 많을 때에 주의 위안이
내 영혼을 즐겁게 하시나이다
(시편 94:19)

우리의 참 평안 되시는 하나님 아버지.
오늘도 변함없는 사랑으로 우리와 함께하시고 우리의 길을 인도하시니 감사합니다. 사람의 마음에는 많은 계획이 있어도 오직 여호와의 뜻만이 완전히 서리라는 말씀을 기억합니다. 우리 삶의 모든 계획을 주관하시며 그 걸음을 이끄시니 두려움 전혀 없습니다. 범사에 하나님을 인정하며 아버지의 뜻을 따르는 삶을 살길 원하는 마음으로 간구하오니 응답하여 주시옵소서.

지금 OOO는 근심 가운데 사로잡혀 있습니다. 근심은 OOO의 마음을 상하게 하고 작은 일을 크게 생각하게 하며 심지어는 아직 일어나지 않은 일까지 걱정하게 합니다. "아무것도 염려하지 말고 오직 모든 일에 기도와 간구로 너희 구할 것을 감사함으로 하나님께 아뢰라 그리하면 모든 지각에 뛰어난 하나님의 평강이 그리스도 예수 안에서 너희 마음과 생각을 지키시리라"고 말씀하셨으니 OOO가 근심하지 않고 오직 기도와 간구로 감사하며 하나님께 아뢰게 하옵소서.

우리는 할 수 없는 것을 하나님은 하실 수 있으시며 우리의 근심이 변하여 즐거움과 기쁨이 되길 믿고 소망하오니 OOO가 근심하며 스스로 해결하기 위해 발버둥치고 있는 이 문제를 오직 하나님의 방법으로 해결하시고 평강으로 인도하시옵소서. 이러한 근심으로 인하여 더욱 기도할 때에 모든 것이 합력하여 선을 이루게 하시어 하나님의 충만한 은혜를 더욱 깊이 체험하게 하옵소서.
모든 일의 응답이 하나님께 있음을 고백하오며 평강의 주관자 되신 예수 그리스도의 이름으로 기도합니다. 아멘.

두려움

나의 평안을 너희에게 주노라 내가 너희에게 주는 것은
세상이 주는 것과 같지 아니하니라 너희는 마음에
근심하지도 말고 두려워하지도 말라 (요한복음 14:27)

완전하신 하나님 아버지.
당신의 사랑을 우리에게 가르쳐주심에 감사드립니다. 사랑 그 자체이신 하나님께서 베푸시는 은혜를 찬양하며 주 앞에 나아갑니다. 하나님의 사랑 안에서만 우리가 평안을 누릴 수 있음을 고백하오니 우리에게 아버지의 사랑을 부어주옵소서.

이 시간 까닭모를 두려움이 OOO를 사로잡고 있습니다. 숨기고 있는 죄로 인해 두려움을 느끼고 있다면 생각나게 하셔서 회개하게 하여 주시옵소서. 하나님께 나아가는 통로를 막고 있는 죄의 문제를 먼저 해결하여 정결한 모습으로 간구하게 하옵소서. 주홍같이 붉은 죄라도 눈같이 깨끗하게 씻어주시는 하나님의 사랑을 체험하게 하여 주옵소서.

하나님의 사랑 안에 거할 때에 두려움으로부터 자유로울 수 있음을 아오니 하나님 사랑의 넓이와 깊이와 높이를 깨닫게 하여 주옵소서.

한치 앞도 모르는 불투명한 미래를 생각하며 두려움에 스스로를 가두지 않고 모든 인생과 만물을 다스리시는 주권자 하나님을 묵상하게 하여 주옵소서.

하나님이 주시는 마음과 사탄이 주는 마음을 분별할 수 있는 영안을 허락하시고 두려움이 가져오는 부정적인 생각과 감정에 맞서 강하고 담대하게 싸울 수 있는 담력을 주셔서 하나님의 온전한 사랑을 덧입고 두려움을 능히 이길 수 있게 하옵소서.

지금 이 순간 OOO의 두려운 마음을 평안으로 덮어주시길 간구하오니 세상이 줄 수 없는 평안을 받아 누림으로 어제나 오늘이나 동일하신 하나님을 찬양하게 하여 주옵소서.

언제 어디에서 무엇을 하든지 우리를 평강에 평강으로 인도하시는 하나님께 감사드리며 예수 그리스도의 이름으로 기도합니다. 아멘.

미움

그러나 너희 듣는 자에게 내가 이르노니 너희 원수를
사랑하며 너희를 미워하는 자를 선대하며
(시 127:4-5)

공의와 사랑이 충만하신 하나님 아버지, 감사합니다. 우리를 한없는 사랑으로 품으시고 용서하시는 사랑의 하나님! 그러나 우리는 연약하여 우리의 형제와 이웃과 가족을 미워하고 원망하며 용서하지 못할 때가 많습니다.

지금 OOO는 형제를 향한 미움으로 고통 가운데 있습니다. 사람을 통해 받은 상처로 인해 OOO의 마음은 닫혀있고 미워하는 마음이 지워지지 않고 있습니다.

OOO에게 사랑을 가르쳐 주옵소서. 하나님께서 OOO를 용서하고 사랑하신 것 같이 OOO도 형제를 용서하여 진실한 사랑을 쏟을 수 있게 하옵소서. 그것은 연약한 우리에겐 쉬운 일이 아닙니다. 그 연약함을 하나님 앞에 내려놓고 기도하오니 우리의 마음에 생수 같은 사랑이 솟아나게 하시고 용서의 역사가 일어나게 하옵소서.

먼저 동고동락(同苦同樂)하는 가족부터 진심으로 품을 수 있게 도우시고 상대방의 마음을 헤아려 이해할 수 있는 넉넉함을 허락하여 주옵소서. 하나님의 뜨거운 사랑의 불로 차디찬 미움의 마음을 녹여주시길 원합니다.

인간적인 의지와 노력으로는 할 수 없지만 하나님의 말씀에 의지하여 사랑과 용서를 결단하오니 불쌍히 여기사 사랑으로 용서할 수 있는 힘을 주옵소서. 그러기 위해서는 우리를 향한 하나님의 사랑과 예수 그리스도의 대속의 은혜를 더욱 뜨겁게 체험하고 깨달아야 합니다. OOO에게 그 어느 때보다 더욱 크신 사랑으로 함께 하옵소서. OOO를 향한 여호와의 인자하심이 크고 크심을 인하여 찬양을 올려드립니다.

우리를 용서하시고 자녀삼아 주시며 제자로 불러주신 예수 그리스도의 이름으로 기도합니다. 아멘.

배신감

> 여호와께서는 자기 백성을 버리지 아니하시며
> 자기의 소유를 외면하지 아니하시리로다
> (시편 94:14)

어제나 오늘이나 변함없는 사랑을 베푸시는 하나님을 찬양합니다. 어떤 상황에서 어떤 모습으로 있어도 동일하게 사랑한다고 말씀하시는 하나님 아버지. 우리에게 무조건적으로 부어주시는 그 사랑과 은혜에 무한한 감사와 영광을 올려 드립니다.

OOO가 신뢰하던 사람으로부터 뜻밖의 배신을 당하였습니다. 그동안 믿고 의지하던 사람이었기에 받은 상처가 더욱 깊습니다. 하나님의 손길 외에 무엇으로 위로받을 수 있겠습니까. 하나님이 직접 만져주시고 위로해 주시길 원합니다. 내면에 남아있는 배신감의 뿌리로 인하여 미워하고 원망하는 마음이 싹트지 아니하도록 성령의 불로 태워주시옵소서.

하루에도 몇 번씩 변덕을 부리는 인간의 간사함을 당신은 아십니다. 우리는 인간적인 감정에 좌지우지하여 때때로 중심을 잃곤 합니다. 이를 불쌍히 여겨주시어 한결같은 하나님의 성품을 닮아가게 하옵소서. 인생을 의지함이 아닌 하나님을 의지함으로 마음의 중심을 지키게 하여 주옵소서.

수십 번씩 하나님을 배신하고 떠나는 탕자 같은 우리를 단 한 번도 내치지 않으시는 하나님의 은혜를 절실히 깨닫습니다. 하나님 사랑의 마음을 묵상할 때에 배신감도 치유될 줄 믿습니다.

이 일을 통하여 신뢰하고 의지할 분은 오직 하나님 한 분뿐임을 알게 하여 주시니 감사합니다. 몸소 행하여 가르쳐 주신 그 사랑 본받아 실천하며 살게 하옵소서. 하나님의 주권을 인정하며 높여드립니다.
감사드리며 예수 그리스도의 이름으로 기도합니다. 아멘.

상사병

> 오직 성령의 열매는 사랑과 희락과 화평과 오래 참음과 자비와 양선과 충성과 온유와 절제니 이같은 것을 금지할 법이 없느니라 (갈라디아서 5:22~23)

사랑과 은혜가 풍성하며 신실하신 하나님. 언제나 변함없는 사랑으로 우리를 품어 주시니 감사합니다. 날마다 새로운 모습으로 다가오셔서 우리에게 사랑을 가르쳐 주시는 하나님. 당신을 통해 진실한 사랑을 배움으로써 우리는 더욱 풍요로운 삶을 누릴 수 있습니다.

하나님 아버지 지금 OOO는 사랑에 빠져 있습니다. 사랑을 하는 일은 정말 아름다운 일입니다. 온종일 한 사람만 생각나고 OOO의 마음은 오직 그 사람을 향해서만 열려 있습니다. 예전엔 무심코 넘어갔던 하늘과 땅과 자연의 모든 현상들이 새롭게 보이고 하나님께서 지으신 세상의 아름다움을 새삼 깨닫게 됩니다.

하오나 하나님 아버지, OOO는 그 사랑으로 인해 고통을 겪고 있습니다. 그 사랑이 혼자만의 사랑이기 때문입니다.

OOO에게 사랑이라는 감정을 주신 감사하신 하나님께서 더욱 크신 은혜를 베풀어 주셔서 평안을 누리게 하옵소서. 한 사람을 사랑하는 일이 집착과 욕망이 아닌 오래 참음과 온유함임을 깨닫게 하옵소서.

사랑하는 사람에게 진정으로 유익이 되는 것을 할 수 있는 큰 사랑을 품게 하소서. 이 외로운 사랑을 통하여 우리를 향하신 하나님의 뜨거운 사랑을 배우게 하시고 사랑을 통해 더욱 성숙한 자가 되게 하옵소서. 이웃의 외로움을 이해하고 그 마음을 존중해 줄 수 있는 하나님의 사람이 되게 하옵소서.
우리에게 사랑을 가르쳐주시는 예수 그리스도의 이름으로 기도합니다. 아멘.

수치심

내 영혼을 지켜 나를 구원하소서 내가 주께 피하오니
수치를 당하지 않게 하소서
(시편 25:20)

어린 양과 같은 우리를 한결같은 마음으로 품으시는 하나님 아버지.
그 사랑에 무한한 감사와 찬양을 드립니다. 언제나 변함없는 한결같은 성품으로 우리를 따뜻하게 바라보시고 존중해주시며 귀하게 여겨주시는 주님. 하늘의 영광을 버리고 이 땅에 오셔서 친히 수치와 고통을 당하심으로 죄인 된 우리들을 구원하셨던 예수 그리스도의 사랑을 묵상합니다.

지금 OOO는 수치심으로 인해 비통함을 느끼는 가운데 있습니다. 모든 사람들이 자신을 비웃는 것처럼 생각되고 부끄럽고 고통스러운 마음뿐입니다. 사람과 세상 앞에서 패배자가 된 심정이고 다시 회복할 수 없을 만큼 고통스럽습니다. 그 누구도 마주하고 싶지 않은 마음에 자꾸만 숨고 싶은 심정입니다.
하나님 아버지, 우리의 어떠한 연약한 모습도 긍휼히 여기시고 이해하시는 깊고 변함없는 사랑으로 OOO를 품에 안으시고 다독여주옵소서. 비웃음과 수치를 당한 OOO의 마음을 회복시키시고 하나님 안에서 OOO가 얼마나 귀하고 값진 존재인지 깨닫게 하옵소서.
이 시간 오직 하나님만을 바라보고 의지합니다. OOO가 다시는 부끄러움과 수치를 당하는 일이 없게 하시고 무슨 일을 하든지 어떤 사람을 만나든지 담대하게 하시며 오히려 그의 삶을 통하여 하나님의 영광이 드러나게 하옵소서.
우리의 허물과 죄악을 인하여 십자가에 달리신 주님의 조건 없는 사랑은 모든 죄를 사하고도 남음이 있음을 깨닫습니다. 그가 당한 징계로 평화를 누리며 그가 맞은 채찍으로 나음을 입은 우리가 감사의 마음을 평생토록 잊지 않게 하여 주시옵소서. 그리하여 복음에 합당한 삶을 살아가게 하옵소서.
친히 우리의 구주가 되어주신 예수 그리스도의 이름으로 기도합니다. 아멘.

슬픔

내 영혼아 네가 어찌하여 낙심하며 어찌하여 내 속에서
불안해 하는가 너는 하나님께 소망을 두라
(시편 42:11)

상한 갈대를 꺾지 않으시고 꺼져가는 등불도 끄지 않으시는 긍휼이 많으신 하나님.
모든 이름 위에 뛰어난 이름 되시는 주님께 감사와 찬양을 드립니다. 천하 만물은 시시각각 변하고 인간관계 또한 변하지만 하나님의 사랑은 어제도 오늘도 동일하시니 주는 진정 찬양받기에 합당하십니다.

하나님 아버지, 지금 OOO는 깊은 슬픔에 빠져 있습니다. 자꾸만 마음이 가라앉고 무엇을 보아도 마음에 소망이 생기지 않습니다. 사람도, 일도 눈에 들어오지 않고 오로지 슬픔만이 가슴에 차올라 스스로의 감정에 젖어 듭니다.
지금 이 순간 OOO의 마음을 위로해 주옵소서.
OOO의 마음이 슬픔 아닌 기쁨과 평안으로 충만해지길 소망하오니 희락의 영을 보내주셔서

OOO의 가슴을 시원케 하여 주옵소서.
상실로 인한 슬픔의 자리에 성령의 충만한 은혜를 채워주시고 배신당한 슬픔의 자리에 그리스도의 신실한 사랑을 채워주시고 자신감을 잃은 슬픔의 자리에 위로의 말씀을 채워주셔서 성령의 임재를 체험하게 하옵소서.

사람이 주는 평안과 기쁨은 유한합니다. 성공과 소유로도 슬픔을 지울 수 없습니다. 오직 우리에게 영원토록 변함없는 기쁨을 주실 수 있는 분은 예수 그리스도뿐임을 고백합니다.
이 시간 OOO에게 천국의 기쁨을 허락하옵소서. 주의 품에 안아주시고 환란과 시험과 슬픔 중에 친히 OOO를 돌보아주사 우리 편이 되어주시는 소망이 주님만 바라보게 하옵소서.
오직 여호와 하나님만이 우리의 방패가 되시어 이 슬픔을 이겨내게 하실 줄을 믿습니다. 예수 그리스도의 이름으로 기도합니다. 아멘.

열등감

> 너희는 택하신 족속이요 왕 같은 제사장들이요
> 거룩한 나라요 그의 소유가 된 백성이니
> (베드로전서 2:9)

보이지 않는 영원한 왕이시며 홀로 영광받기에 합당하신 하나님 아버지를 찬양합니다. 세상 만물을 지으신 창조주 하나님. 흙으로 사람을 빚으신 후에 보시기에 심히 좋았더라고 말씀하신 것을 기억합니다. 하나님의 손으로 존귀한 작품을 빚어주심에 감사드립니다.

창세 전부터 계획하셔서 이 땅에 보내신 OOO의 마음을 만져주시길 원합니다. OOO가 잦은 넘어짐과 실패로 자신감을 많이 잃은 상태입니다. 스스로를 타인과 비교하며 초라한 존재로 끌어내리지 않게 하옵소서.

OOO가 세상에 단 하나뿐인 보배롭고 존귀한 존재라는 사실을 깨우치게 하여 주옵소서. 스스로를 격려하고 다독임으로써 위축되고 억눌린 자아를 회복하게 하시옵소서.

OOO가 열등감으로 인해 사람들 앞에 서는 일을 주저하고 두려워할 때가 있습니다. 그때에 할 말을 주시는 하나님께 모든 것을 맡겨드리는 OOO가 되게 하옵소서.
'주는 나를 돕는 자시니 사람이 내게 어찌하리요' 담대히 선포하며 나아가 사람의 시선을 의식하며 눈치 보지 않게 하시고 움츠러들지 아니하게 하옵소서. 밝고 맑은 표정으로 햇빛같이 빛나는 하나님의 형상을 드러내게 하여 주시옵소서.

주는 토기장이시고 우리는 진흙입니다. 하나님께서 빚으시는 대로 완성됨을 인정하고 감사하게 하옵소서. OOO가 한 걸음 한 걸음 내디딜 때마다 강건한 힘을 부어주시길 원합니다.
OOO를 존귀한 왕의 자녀로 삼아주신 하나님 아버지. 세상은 변하여도 하나님의 자녀 된 신분은 변하지 않음을 알게 하여 주심에 감사와 찬양을 올려드립니다.
예수 그리스도의 이름으로 기도합니다. 아멘.

외로움

주는 재앙과 원한을 감찰하시고 주의 손으로 갚으려 하시오니 외로운 자가 주를 의지하나이다 주는 벌써부터 고아를 도우시는 이시니이다 (시편 10:14)

어두운 세상에 빛으로 오신 예수 그리스도를 찬양합니다. 주님의 빛이 이 땅에 충만하여 하나님의 영광이 온 천하에 드러나기를 소망합니다. 이 시간 우리 가운데 오셔서 우리의 마음 속 어두운 부분을 환하게 비춰 주옵소서.

먼저 OOO의 내면에 찾아와 주시길 원합니다. 모든 이에게 외면당한 듯하며 버림받은 것 같은 거절감이 OOO의 마음을 둘러싸고 있습니다. 누군가에게 위로의 말을 들어도 형식적인 인사로 받아들여져 오히려 외로움이 깊어 갑니다. 우리는 하나님의 깊은 사랑 안에 살면서도 때때로 견딜 수 없는 외로움을 경험하곤 합니다. 이 세상에 나 자신을 이해하는 사람은 아무도 없는 것 같고 심지어 하나님으로부터도 멀리 떨어져 있는 기분이 들 때가 있습니다.

우리는 너무나 연약하여 외로울 때 그릇된 관계에서 안식을 찾으려 하고 그릇된 일에서 만족을 얻으려고 합니다.
하나님, 우리가 세상의 방법으로 외로움을 채우는 실수를 범하지 않게 하옵소서. 공허하게 뚫려있는 허전한 마음에 오직 성령이 임하셔서 안식과 기쁨이 넘치게 하옵소서.

세상이 줄 수 없는 그리스도의 평안이 OOO의 생각과 마음을 지켜 주시길 원합니다. 비록 인간적인 나약함에서 시작된 외로움이지만 이 외로움을 통해 하나님과의 친밀함을 회복하는 거룩한 계기가 되게 하옵소서. 외로움을 기도로 승화시켜 창조적인 자기 계발의 시간을 만들어 갈 수 있도록 OOO를 도와주옵소서.
예수 그리스도의 이름으로 기도합니다. 아멘.

우울

아침에 주의 인자하심이 우리를 만족하게 하사 우리를
일생 동안 즐겁고 기쁘게 하소서
(시편 90:14)

평강의 왕이신 하나님 아버지.
오늘도 변함없는 새 날을 허락하시고 하나님의 이름을 부르며 기도할 수 있는 은혜를 베풀어주심을 감사드립니다. 우리는 연약하고 부족하오나 하나님의 은혜 안에서 부족한 모습을 숨김없이 내려놓고 기도하고자 합니다. 있는 모습 그대로 받아주시고 품어주시옵소서.

지금 OOO는 극심한 우울감에 빠져있습니다. 세상의 어떤 일에도 의욕을 느끼지 못하고 세상의 어떤 사람에게도 위로를 느끼지 못하며 내일의 새 소망을 잃고 좌절하며 우울해하고 있습니다. 때때로 하나님의 자녀 된 신분을 망각하여 평안을 느끼지 못하는 날이 있기도 합니다.
자신의 감정을 능히 이겨내지 못하며 조절하지 못한다는 것이 또 다른 죄책감이 되어 OOO를 괴롭히고 있습니다. 마치 로뎀나무 아래에서 죽기를 간구하던 엘리야의 심정과도 같습니다. 이 세상 어느 누구도 OOO를 이해하지 못한다는 생각에 우울감은 날로 짙어만 갑니다.

오직 하나님께서 OOO의 마음을 감찰하시며 긍휼히 여기심을 믿고 간구하오니 그를 도와주옵소서.
우울한 감정으로부터 OOO를 건져주시고 무력함과 자기비하의 부정적 생각 속에서 OOO를 건져내어 주옵소서.
그늘에 덮여 있는 OOO의 신음하는 영혼을 빛 가운데로 인도하시고 쓰러진 몸을 일으켜 세우시옵소서. 새로운 소망을 단비처럼 쏟아 부어주셔서 다시금 힘을 얻게 하옵소서. 하나님께서 OOO에게 주신 사명을 품고 힘차게 달려 나가게 하옵소서.
예수 그리스도의 이름으로 기도합니다. 아멘.

의심

어떤 의심하는 자들을 긍휼히 여기라
(유다서 1:22)

전지전능하셔서 불가능한 것이 전혀 없으신 하나님 아버지의 능력을 높여 찬양합니다. 우리의 앉고 서는 것을 아시며 사소한 생각조차 감찰하시는 하나님. 각 사람의 심중에 담긴 생각과 마음을 누구보다 잘 아시는 하나님 아버지께 간구합니다.

OOO가 의심의 영으로 인해 하나님을 신뢰하지 못하고 있습니다. 하나님이 일하시기 전에 의심의 벽을 쌓음으로 말미암아 하나님의 능력을 온전히 드러내지 못합니다. 의심은 불신을 낳고 불신은 하나님의 존재를 부정하게 하는 씨앗이 됩니다.
하나님을 신뢰하는 마음을 회복시키셔서 먼저 하나님과의 관계가 회복되게 하옵소서. 무릇 지킬만한 것보다 마음을 지켜 하나님을 향한 중심이 흔들리지 않게 하소서.
의심하는 마음으로 인해 사람들과의 관계형성에 어려움을 겪고 있습니다. 사람을 향한 의심이 일의 원만한 진행을 막을 때도 있습니다. 하나님의 영광 드러내는 일에 방해가 되는 의심의 영을 성령의 불로 소멸시켜 주옵소서.
하나님을 믿는 믿음으로 사람을 믿게 하시고 모든 상황 속에서 하나님을 찬양하는 사람이 되게 하옵소서.

하나님의 눈과 마음을 주시길 소망합니다. 인간의 기준으로 판단하며 의심하기보다 하나님의 눈과 마음으로 바라보게 하옵소서. OOO를 하나님의 능력을 드러내는 통로로 사용하여 주시옵소서.
사람을 통하여 일하시는 하나님 아버지 참으로 감사합니다.
합력하여 선을 이루실 것을 기대하며 예수 그리스도의 이름으로 기도합니다. 아멘.

정신질환

> 예수께서 온 갈릴리에 두루 다니사 그들의 회당에서 가르치시며 천국 복음을 전파하시며 백성 중의 모든 병과 모든 약한 것을 고치시니 (마태복음 4:23)

우리의 힘이 되신 여호와여 우리가 주를 사랑하나이다. 여호와 하나님은 우리의 반석이시고 요새시며 우리를 건지시는 분이십니다. 하나님은 우리의 피할 바위이자 방패가 되시며 구원의 뿔이자 산성이십니다. 오직 여호와 하나님만이 우리를 모든 환난과 고통에서 건지시는 분이심을 찬양하며 경배합니다.

사랑의 본체이신 하나님 아버지, 정신질환으로 인해 참된 자유와 평안을 누리지 못하고 있는 OOO를 위해 기도합니다. 정신질환으로 인하여 정신이 혼미하고 마음에 중심이 서지 않으며 희비가 교차하는 혼란에서 OOO가 놓임 받기를 간절히 기도합니다.

때와 장소에 맞게 감정과 의지를 조절할 수 있도록 성령께서 모든 순간 동행하여 주옵소서.

정신질환으로 인하여 OOO 뿐 아니라 가족까지도 큰 고통에 눌려 있습니다. 이러한 억압의 사슬을 풀어 주옵소서.

마음의 상처로 인한 질환이라면 위로의 성령께서 치료해 주시고 악한 영에 의한 발병이라면 예수 그리스도의 권세로 쫓아주시며 육신의 질병에서 시작된 것이라면 그 연약한 근원을 치료해 주시고 적절한 약물요법과 상담자를 만날 수 있는 은총도 내려주옵소서.

이 시간 나사렛 예수 그리스도의 이름으로 선포하노니 OOO는 오직 화평케 하시고 온전케 하시는 성령의 은혜로 충만한 기쁨과 평강을 누릴지어다.

전능하신 하나님, 하나님의 도는 완전하고 여호와의 말씀은 순수하오니 하나님 앞에 나와 기도하며 피하는 OOO의 방패가 되어주옵소서. 친히 OOO의 삶에 등불이 되어주셔서 흑암을 밝혀주옵소서.

OOO를 위하여 피 흘려 돌아가시고 부활하신 생명의 주 예수 그리스도의 이름으로 기도합니다. 아멘.

정죄

그리스도 예수 안에 있는 자에게는 결코 정죄함이 없나니 이는 그리스도 예수 안에 있는 생명의 성령의 법이 죄와 사망의 법에서 너를 해방하였음이라 (로마서 8:1~2)

공의로우신 하나님 아버지.
의로운 오른팔로 우리를 보호하시고 인도해 주시니 참 감사합니다. 하나님의 공의가 각 사람의 심중에 새겨지길 원하며 기도하오니 응답하여 주옵소서. 우리를 의의 길로 인도하여 주시는 주님을 사모합니다. 지금 이 시간 주님 마음을 우리에게 허락하여 주옵소서.

우리는 자신 속의 들보를 보지 못하고 남의 티끌만 봅니다. 스스로가 세운 가치기준에 따라 상대방을 판단하며 손가락질합니다. 자신의 잘못에는 관대하지만 남의 허물에는 인색한 우리들입니다. 어리석고 연약한 인간인지라 스스로를 죄 없다고 여길 때가 많습니다. 남을 판단하는 순간부터 죄를 짓는 것임을 깨닫지 못하기 때문입니다.

하나님 앞에 의인은 아무도 없음을 기억하게 하옵소서. 자신의 죄인 됨을 인정하고 겸손히 무릎 꿇을 때에만 의인이 될 수 있음을 깨닫게 하여 주시옵소서. 말씀에 근거한 하나님의 법을 바로 세워가는 자가 되게 하여 주사 이웃을 넉넉히 품을 수 있도록 우리의 마음자리를 넓혀주소서. 주님의 마음을 본받는 자가 되길 소망합니다.

정죄는 하나님의 주권을 넘어서는 오만한 행위임을 압니다. 죄를 판단하고 사할 수 있는 분은 오직 하나님 한분임을 인정하게 하옵소서. 이 땅에 하나님의 공의가 세워져서 서로를 정죄하는 일이 없게 하여 주옵소서. 이 땅에 그리고 각 사람에게 공의를 베푸시는 아버지 하나님을 찬양합니다.
우리의 과거와 현재와 미래의 죄를 모두 사하여 주심에 감사드리며 예수 그리스도의 이름으로 기도합니다. 아멘.

질투심

사랑은 오래 참고 사랑은 온유하며 시기하지 아니하며
사랑은 자랑하지 아니하며 교만하지 아니하며
(고린도전서 13:4)

한없는 사랑으로 우리에게 은혜를 부어주시는 하나님 아버지 감사합니다. 오늘 하루도 하나님이 지으신 자연과 해와 달과 별을 보며 하나님의 신묘막측함을 찬양합니다. 하나님께선 피조물에게 각자의 선함과 아름다움을 주셨고 우리는 그것을 보며 감탄하고 행복을 누립니다.

그런데 남이 가지고 있는 아름다움은 더욱 빛나 보이고 달란트와 은사가 충만한 것처럼 보입니다. 심지어 그 주변의 사람들조차도 모두 우월하게 보입니다. 재능 많고 사랑 받는 사람의 모든 조건이 나보다 낫게만 여겨져 마음이 괴롭습니다.

남과 이웃이 잘 되는 것에 시기와 질투가 생겨납니다. 잘못한 것이 없는데도 험담하고 싶고 축복하는 마음이 도무지 생기질 않습니다. 나보다 잘 되는 것이 부당하게 느껴지고 샘내는 삐뚤어진 마음으로 이웃을 바라보게 되니 저 자신도 우울하고 병들어 갑니다.

사랑의 하나님 아버지.
하나님 아버지 안에서 한 지체 된 나의 형제와 자매를 그리스도의 사랑으로 축복하며 진심으로 그들의 행복을 위해 기도할 수 있는 순전하고 아름다운 마음을 주옵소서. 이웃의 성공과 행복을 통해 하나님의 선한 계획을 느끼고 감사하게 하옵소서.
더럽고 추악한 마음은 거두어주셔서 시기와 질투의 마음 대신 스스로를 사랑하는 마음을 갖게 하옵소서.
하나님의 절대적인 사랑에 감사하는 마음으로 충만해지도록 은혜를 베풀어 주옵소서. 예수 그리스도의 이름으로 기도합니다. 아멘.

짜증

> 노하기를 더디 하는 것이 사람의 슬기요 허물을
> 용서하는 것이 자기의 영광이니라
> (잠언 19:11)

우리에게 기쁨과 소망이 되시는 하나님 아버지, 참으로 감사합니다. 언제나 변함없는 선하심과 인자하심으로 돌보시니 우리가 참 평안을 누릴 수 있습니다. 우리에게 새날을 허락하여 주시고 일용할 양식을 공급하여 주시며 함께하는 사람들을 보내주심에 감사드립니다.

하나님 아버지, 지금 이 시간 감사의 마음을 잊어버린 OOO를 위해 기도합니다. 나날이 밀려오는 짜증이 OOO의 신경을 날카롭게 하고 있습니다. 사소한 일에도 짜증이 솟아올라 불평불만이 끊이지 않으며 남의 탓을 하게 될 때가 많습니다. 짜증을 쏟아내는 OOO도 그 짜증을 받아야 하는 주변 사람들도 괴롭기는 마찬가지입니다.

본의 아니게 주변 사람들에게 상처를 입히게 됨

으로 스스로도 상처받고 있사오니 이 기도를 통하여 짜증의 원인을 발견하게 하사 치유해 주시옵소서.

OOO가 평안과 감사가 넘치는 삶을 살게 되길 원합니다. 육체의 피곤으로 인한 것이라면 시간과 건강을 잘 관리하게 하시고 마음의 상처로 인한 것이라면 성령님께서 친히 만져주셔서 안정을 되찾게 하여 주옵소서. 짜증을 내는 습관으로 인하여 중요한 일들을 그르치는 실수를 하지 않게 하시고 사랑하는 이들에게 상처를 입히지 않게 하옵소서.

이 시간 감사하지 못하고 기뻐하지 못한 삶을 하나님 앞에 회개합니다. 용서해 주시고 OOO에게 새 마음을 허락하여 주옵소서. 짜증을 내기에 앞서 스스로를 돌아보게 하사 하나님께로부터 받은 복을 세어보고 기뻐하며 감사하는 주님의 귀한 자녀가 되게 하옵소서.
우리의 마음을 다스리시고 주장하시는 예수 그리스도의 이름으로 기도합니다. 아멘.

거짓말 · 이간질

새 계명을 너희에게 주노니 서로 사랑하라 내가 너희를
사랑한 것 같이 너희도 서로 사랑하라
(요한복음 13:34~35)

길이요 진리요 빛이신 성령 하나님을 찬양합니다. 언제나 우리를 돌보시고 푸른 초장과 쉴만한 물가로 인도하여 주시는 은혜에 감사합니다. 거짓이 없으신 하나님께서는 언제나 변함없는 사랑으로 돌보아 주시지만 죄인 된 우리들은 때때로 거짓을 말하고 거짓된 행동에 빠져들곤 합니다.

오늘 이 시간 우리 가운데 있는 거짓과 이간질을 하나님 앞에 내려놓고 기도합니다. 사랑으로 하나 되고 화평해야 할 하나님의 자녀임에도 정직하지 못하고 평화의 도구가 되지 못한 점을 용서해 주옵소서. 진리 가운데로 나오기 보다는 자신에게 유리하고 유익한 것을 구하느라 말을 만들어 내고 진실을 숨긴 어리석음을 용서해 주시고 다시는 이러한 죄악에 빠져들지 않도록 은총을 베풀어 주옵소서.

이 시간 나사렛 예수 그리스도의 이름으로 명하고 선포하노니 거짓말하고 이간질 하는 더러운 영은 OOO의 삶과 사역에서 떠나갈지어다. 오직 화목케 하시는 성령의 진실한 역사가 충만할지어다.

친히 이 땅에 중보자가 되어 오셨던 예수 그리스도의 은혜를 생각합니다. 주님께서 우리를 위하여 이 땅에 오시고 우리를 위하여 십자가에 달려 피 흘리시며 돌아가시지 않았다면 우리는 지금 하나님을 아버지라 부를 수 없으며 이렇게 기도할 수 없을 것입니다. 우리도 그러한 하나님의 성품을 닮은 자녀로 살아가게 하옵소서.

OOO를 통하여 형제자매가 화평하게 하시며 막힌 담이 헐리게 하옵소서. OOO를 통해 진리와 공의가 강물처럼 흐르게 하옵소서. 오직 진리요 빛 되신 성령의 역사가 OOO의 삶을 충만케 덮어주옵소서. 평강의 왕이신 예수 그리스도의 이름으로 기도합니다. 아멘.

게으름

부지런하여 게으르지 말고 열심을 품고 주를 섬기라
(로마서 12: 11)

인내하시고 오래 참으시는 하나님.
우리를 있는 모습 그대로 사랑하여 주심에 감사드립니다. 인자하시고 너그러우신 하나님의 은혜를 찬양하오니 홀로 영광 받아주시옵소서. 이 시간 우리의 구할 바를 아뢰오니 귀를 기울이사 응답하여 주옵소서.

OOO의 심신이 무기력에 덮여 게으름의 수렁으로 빠져들고 있습니다. 게으름의 영이 건강한 육신과 총명한 정신을 지배하여 힘겨운 일상을 보내고 있사오니 열정과 의욕을 잃어버린 지친 삶에 생기를 불어넣어 주옵소서. 성령의 바람을 강하게 일으켜 주사 다시금 일어설 수 있는 힘을 얻게 하옵소서. 가라앉은 몸과 마음에 침투하는 부정적인 생각들을 단호히 쫓아낼 수 있는 담력을 허락하시옵소서.

만성된 게으름이 지각을 일삼게 하거나 약속을 어기게 하는 원인이 되고 있습니다. 반복된 실수로 인해 신뢰를 잃어 사람과의 원만한 관계마저 해치고 있사오니 불규칙한 일상으로 인해 흐트러진 생활과 인간관계를 바로잡아 주옵소서. 지금 이 시간 고치시고 회복시켜 주셔서 규칙적인 삶을 살게 하옵소서.

악한 게으름의 영은 예수 그리스도의 이름으로 선포하노니 당장 떠나갈지어다.
게으름을 다스릴 수 있는 주권자는 하나님이심을 인정합니다. 시시때때로 엄습하는 무기력과 게으름의 영을 강하고 담대하게 다스릴 수 있는 능력을 부어주옵소서. 부지런하여 열심을 품고 주를 섬기라고 하신 말씀을 몸소 실천하는 자가 되게 하옵소서. 능력자 되시는 예수 그리스도의 이름으로 기도합니다. 아멘.

도박

너는 범사에 그를 인정하라 그리하면
네 길을 지도하시리라
(잠언 3:6)

천하 만물의 주관자 되시며 전지전능하신 하나님 아버지 감사합니다. 우리의 아버지 되신 하나님께서 이 세상의 주인 되시니 우리는 언제나 든든하고 너무나 큰 감사가 넘칩니다.

하나님 아버지, 이 시간 OOO를 위해 기도드립니다. 도박으로 인하여 OOO는 물론이고 가족과 친지들까지도 고통 중에 있습니다. 모든 신뢰가 깨졌고 물질에도 큰 손해가 있었습니다.
그 동안 잃었던 모든 것을 한 번에 얻고 싶은 욕심만이 마음에 가득합니다. 하나님 앞에 이러한 죄와 연약함을 내어놓고 회개하며 간구하오니 돌이킬 수 있는 강한 믿음을 주시옵소서.
그 동안 실패한 것을 도박을 통해 다시 얻고자 하는 헛된 심령을 치료하셔서 다시는 도박에 손을 대지 않게 하옵소서.

예수 그리스도의 이름으로 명하노니 거짓된 사행심은 이 시간 OOO으로부터 떠나갈지어다.

오직 성령으로 새롭게 하시고 신실하신 하나님의 성품을 본받아 심지 않은 것은 욕심내지 않는 자가 되게 하소서.

이제 새 사람이 되길 소망하오니 새로운 사명과 새로운 일자리도 주시고 깨어진 가족과 친구의 관계를 회복되게 하셔서 새 삶을 살게 하옵소서. 물질의 주관자 되시는 하나님께서 OOO의 삶을 만지셔서 도박으로 잃어버린 것을 도박이 아닌 건강한 땀과 노력으로 얻을 기회를 허락해 주옵소서.
예수 그리스도의 이름으로 기도합니다. 아멘.

미루는 습관

> 네가 좀더 자자, 좀더 졸자, 손을 모으고 좀더
> 누워 있자 하니 네 빈궁이 강도 같이 오며 네 곤핍이
> 군사 같이 이르리라 (잠언 24:33~34)

졸지도 아니하시고 주무시지도 아니하시며 우리를 눈동자처럼 지켜주시고 보호하시는 성실하신 아버지 하나님.
밤낮 깨어서 일하시는 하나님의 은혜에 진심으로 감사드립니다. 주께서 우리를 괴롭게 하심은 성실하심 때문이라고 말씀하셨습니다. 당신의 성실함에 합당하게 행동하기 위하여 영적으로 깨어있는 사람이 되길 원합니다.

지금 이 시간 무디고 둔한 우리의 심령을 깨뜨려 주옵소서. 현재가 가장 최고의 순간이며 최고의 선물임을 깨달아 알기 원합니다. 지금 바로 할 수 있는 일임에도 차일피일 미루는 습관이 있습니다. 미루면 미룰수록 버거운 짐처럼 느껴지는 일들에 짓눌리지 않게 하옵소서.
그 일들을 지혜롭게 다스릴 수 있는 능력을 허

락하여 주옵소서. 언젠가는 해결해야 할 일이라면 나중으로 미루지 아니하고 곧장 실행할 수 있는 추진력을 주셔서 마지막 날을 살아가는 것처럼 매 순간에 최선을 다하는 자가 되게 하옵소서.
우리에게 강건한 힘을 더하여 주심은 우리를 통하여 하나님의 일을 이루시기 위함인 줄을 깨닫습니다. 하나님의 뜻을 헤아려 그 뜻에 순종하는 우리들이 되게 하옵소서. 공급받은 에너지와 능력을 육체적인 정욕을 채우는 데에 사용하지 않게 하여 주옵소서.

주어진 역할과 책임을 충실히 감당해 낼 수 있도록 도우시옵소서. 또한 시간 관리를 잘 하여 일분일초도 헛되이 흘려보내지 말고 하나님께서 맡겨 주신 귀한 시간을 잘 다스려 청지기로서의 사명을 능히 감당하게 하옵소서. 매 순간 모든 일을 하나님 영광 드러내는 데에 힘쓰는 사람 되길 원합니다.
언제나 우리와 동행하여 주실 예수 그리스도의 이름으로 기도합니다. 아멘.

왜곡된 성(性)

그리스도 예수의 사람들은 육체와 함께 그 정욕과 탐심을
십자가에 못 박았느니라
(갈라디아서 5: 24)

생명의 빛이 되신 하나님 아버지.
무한하신 사랑과 은혜로 우리를 품으시는 그 사랑에 감사드립니다. 사망 권세를 이기신 주님께서 죄와 허물 가운데 덮여 있는 우리를 건져주셔서 자녀 삼아주심을 감사드립니다.
사탄은 우리의 죄와 허물을 참소하며 정죄하지만 십자가 위에서 우리의 죄를 위해 돌아가시며 피 흘리신 예수 그리스도의 사랑을 믿고 담대히 주님 앞에 나왔습니다. 우리를 불쌍히 여기시고 경배와 찬양을 받으옵소서.

이 시간 성적인 죄악으로부터 해방되기 위해 기도드립니다. 하나님 앞에 그리고 스스로의 몸에 저지른 죄악을 용서해 주옵소서. 쾌락과 욕망에 사로잡혀 거룩한 삶을 살지 못하고 죄악 가운데 있었음을 고백합니다. 그러나 이제 돌이켜 회개

하오니 그리스도의 보혈로 씻어주시고 용서하옵소서. 다시는 이러한 죄를 짓지 않도록 붙잡아주옵소서.

나사렛 예수 그리스도의 이름으로 명하노니 OOO을 성적인 죄악으로 빠뜨리는 음란하고 방탕한 더러운 귀신은 이 시간 OOO에게서 떠나갈지어다.
성령님 지금 OOO에게 임하셔서 오직 성령으로 충만하게 하옵소서. 오직 빛으로 비추셔서 어둠이 남김없이 사라지게 하옵소서. 오래된 죄악도 모두 기억나게 하셔서 회개케 하시고 정결케 하옵소서.

새롭게 하시고 새 영을 부어주시는 성령의 역사를 기대합니다. 주님만이 우리의 참 소망이시며 주님만이 우리의 참 만족이심을 고백합니다. 보혈의 능력을 의지하며 예수 그리스도의 이름으로 기도합니다. 아멘.

쇼핑 중독

그가 사모하는 영혼에게 만족을 주시며 주린 영혼에게
좋은 것으로 채워주심이로다
(시편 107:9)

사랑과 은혜가 풍성하신 하나님 아버지, 감사합니다. 하나님께서 지으신 이 세상의 자연과 사람은 너무나 오묘하고 아름답습니다. 아무리 과학과 예술이 발달하였다 해도 하나님께서 지으신 이 아름다운 피조물들을 결코 흉내 내지 못합니다.
하나님께 지음 받은 우리 자신도 그렇습니다. 각자 그 자체로 충만하며 아름답습니다.

하나님, 그러나 우리는 우리 자신에게 더 많은 것을 채워야 할 것 같은 공허감을 느낄 때가 있습니다. 더 많이 더 빨리 더 최고의 것을 소유하고 싶은 욕심이 마음에 가득할 때가 있습니다. 최고의 것으로 환경을 꾸미고 외모를 가꾸고 최신제품을 갖고 있어야 욕구불만이 해소됩니다.

욕심과 열등감과 자기과시욕의 덫에서 벗어날 수 있도록 하나님을 향한 사랑이 커지게 하옵소서. 헛된 것으로 마음을 채우려는 어리석은 생각에서 벗어나게 하시고 쇼핑으로부터 자유롭게 해주옵소서.
이미 가지고 있는 것에 만족하게 하시고 이미 사용하고 있는 것을 활용하게 하시며 오히려 가진 것을 이웃을 위해 나누는 사랑이 충만하게 하옵소서. 소유가 아닌 사랑과 나눔에서 기쁨을 얻는 성숙한 그리스도인이 되게 하옵소서.

오직 성령께서 주시는 생각은 평안이요 기쁨이오니 무엇을 먹든지 마시든지 모두 하나님의 영광을 위해 하게 하시고 무엇을 사든지 하나님의 영광을 위해 하게 하옵소서.
우리의 작은 습관과 일상생활에도 깊은 관심을 베풀어 주시는 살아계신 예수 그리스도의 이름으로 기도드립니다. 아멘.

술 · 담배 · 약물중독

> 좋은 것으로 네 소원을 만족하게 하사 네 청춘을
> 독수리 같이 새롭게 하시는도다
> (시편 103:5)

우리의 기쁨과 행복이 되어 주시는 하나님 아버지 감사합니다. 예수 그리스도의 보혈의 능력이 있었기에 오늘날 우리가 나음을 입고 하나님의 자녀가 되었음에 감사의 고백 올려드립니다.

이 시간 아버지의 자녀인 OOO를 위해 기도하오니 귀 기울이시고 응답하여 주옵소서. OOO는 지금 ◇◇중독에 빠져 있습니다. 이제 그 중독으로부터 자유롭게 되길 소망합니다.
마음의 공허와 외로움과 나쁜 습관으로 인해 자리잡은 중독을 이 시간 성령께서 역사하시고 치료하옵소서. 나쁜 습관은 단호히 끊게 해주시고 뿌리 깊은 상처와 충동으로부터 해방시켜 주옵소서.
아무리 끊으려고 해도 자꾸만 몸이 말을 듣지 않고 오직 ◇◇에만 마음이 사로잡혀 있습니다.

중독으로 인하여 건강도 인간관계도 깨어져 OOO의 주변 사람들이 깊은 상처를 입었습니다. 바로 이 순간 성령 하나님이 불같이 뜨겁게 역사하셔서 중독의 사슬을 끊어 주옵소서. 몸과 마음과 영혼을 해치는 중독으로부터 하나님의 귀한 자녀 OOO를 건져주옵소서.

예수 그리스도께서 친히 몸 찢기고 피 흘리셔서 구원해주신 자녀가 더 이상 악한 영에 미혹되지 않게 하옵소서. 하나님께서는 OOO를 지으셨기에 누구보다 OOO의 체질을 잘 아십니다.
하나님의 은혜와 자비를 베풀어주옵소서. 그리하여 OOO가 주님 안에서 참된 안식과 평안을 누리며 주어진 삶과 사명을 아름답게 이뤄내게 하여 주옵소서. 오로지 성령으로만 충만하게 채워지길 간절히 소원합니다.
살아계신 치료자 예수 그리스도의 이름으로 기도합니다. 아멘.

완벽주의

나에게 이르시기를 내 은혜가 네게 족하도다
이는 내 능력이 약한 데서 온전하여짐이라 하신지라
(고린도후서 12:9)

모든 이름 위에 뛰어난 이름 만군의 주 여호와를 찬양합니다. 우리에게 길이요 진리요 생명 되어주시는 하나님.

인간의 불완전함으로 인해 하나님의 완전함이 드러나며 인간의 보잘것없음을 통해 하나님의 크심이 온전히 드러납니다. 하나님의 성품을 비추는 도구로 우리를 사용하여 주심에 감사드립니다. 불완전한 피조물인 우리가 완전하신 하나님 앞에 겸손히 무릎 꿇고 나아가오니 우리의 기도에 귀를 기울여주소서.

OOO가 강박증으로 인해 불안한 가운데 있습니다. 완벽해야만 한다는 강박이 일을 진행하는 데에 큰 압박을 줍니다. 실수하지 말아야 한다는 생각에 신경이 곤두서고 좋은 성과를 거두어야 한다는 부담감으로 시종일관 불안을 겪고 있습니다.

스스로 세운 기준에서 조금이라도 벗어나는 것을 견디지 못할 때가 많습니다. 관계 맺은 사람들에게도 완벽함을 강요하기도 하여서 부담을 주는 경우가 있습니다.

이 모든 것은 인간의 불완전함에서 오는 결핍 때문인 줄을 압니다. 그러나 인간이 추구하는 완벽에는 만족이 없습니다. 하나님 외에 완벽한 존재는 아무도 없음을 깨닫게 하옵소서. 실수하고 넘어짐을 통하여 오히려 값진 것을 얻을 수 있다는 사실을 깨닫게 하사 하나님께 모든 일을 맡기고 나아갈 때에만 완전하고 완벽한 결과가 나타남을 믿게 하옵소서.

모든 책임을 스스로 짊어지고 해결하려는 부담으로부터 자유롭게 하여 주소서. 수고하고 무거운 짐 진 자들아 다 내게로 오라 내가 너희를 쉬게 하리라고 하신 말씀에 의지하여 나아갑니다. OOO의 무거운 짐을 대신 져 주소서.

합력하여 선을 이루어주실 하나님께 감사하며 예수 그리스도의 이름으로 기도합니다. 아멘.

컴퓨터 · 게임 중독

내게 귀를 기울여 속히 건지시고 내게 견고한 바위와
구원하는 산성이 되소서
(시편 31:2)

처음이요 마지막이신 창조주 하나님 아버지를 찬양합니다. 우리에게 생각하고 느낄 수 있는 건강을 주시고 이렇게 마음 모아 기도할 수 있는 은총을 베풀어 주심에 감사합니다.

하나님 아버지, OOO는 게임에 빠져있습니다. 실체가 없는 대상과의 겨루기에 마음을 빼앗겨서 오로지 승부욕에 사로잡혀 몸과 마음이 상하고 있습니다. 하루 종일 컴퓨터와 게임기에 몰입하게 되어 정상적인 일상생활을 누리지 못하고 있습니다.

사람을 만나는 것보다 기계 앞에 앉아있는 것이 더 편하여 해야 할 일들을 뒤로 미루고 오직 게임에만 매달려 있습니다. 심지어는 움직이고 먹는 것조차 귀찮아 할 때가 있습니다. 피곤하여 잠이 와도 자리에 눕고 싶지 않아 밤을 새는 일이 허다합니다.
하나님 아버지, 이러한 컴퓨터와 게임 중독으로부터 OOO를 건져주옵소서. 오직 OOO를 치료하실 수 있는 분은 창조주 하나님이시오니 병든 마음과 병든 몸을 치료해 주옵소서.

게으르고 악한 습관에서 벗어나게 하시고 책임을 회피하고 현실로부터 도피하려는 마음을 치료해 주셔서 주어진 삶과 관계에 충실히 책임지는 빛의 자녀가 되게 하옵소서. 실제 주어진 현실 속의 삶을 더욱 흥미롭게 바라볼 수 있는 새 마음을 주옵소서.

하나님의 치료와 도우심을 간절히 구합니다. 오직 외로운 마음을 치료하실 분은 하나님뿐이심을 고백하오니 성령께서 OOO에게 역사하셔서 주님이 주시는 참된 평안과 행복과 즐거움에 젖어들게 하옵소서.
우리의 치료자요 구원자 되신 예수 그리스도의 이름으로 기도합니다. 아멘.

탐심

여호와는 나의 목자시니 내게 부족함이 없으리로다
(시편 23:1)

사랑과 은혜와 진리가 충만하신 하나님 아버지. 새 계절을 주시고 새 날을 주시며 따스한 햇살과 비를 내려주심에 감사합니다. 우리가 호흡할 수 있는 공기를 주시며 끊임없이 식량을 공급하여 주시니 부족함이 없습니다. 이 세상의 모든 것은 하나님의 것이며 우리는 하나님의 자녀임을 고백합니다. 우리가 하나님 안에 거하면 모든 것을 필요한 만큼 공급받을 수 있으니 얼마나 감사한지요.

하나님 아버지, 이 시간 OOO의 도벽을 놓고 기도합니다. 어리석은 탐심과 온전치 못한 정신으로 하나님 앞에 범죄하였습니다. 정당한 대가를 치르지 않고 남의 것을 훔쳤습니다.
하나님 아버지, 다시는 그러한 죄를 범치 않겠사오니 용서해 주옵소서. 이웃의 소유물을 탐하고 도적질하는 더러운 습관을 보혈의 능력으로 깨끗이 씻어주시옵소서.
나사렛 예수 그리스도의 이름으로 명하고 선포하노니 도적질하고 남의 것을 탐하게 하는 더러운 욕망의 악한 영은 이 시간 떠나갈지어다.
거룩하신 성령께서 OOO의 마음속의 뿌리 깊은 상처를 치유하시고 그 상처로 인한 쓴 뿌리를 제거하여 주옵소서. 오직 정결케 하는 보혈의 은혜로 OOO의 생각과 마음을 치유하시고 온전케 하옵소서.

우리의 소망 되시는 하나님만 바라봅니다. 위로부터 오는 거룩한 상급을 사모하게 하시며 천국의 소망이 충만하여 이 땅에서의 삶이 빛처럼 차란하고 향기로울 수 있도록 은혜를 베풀어 주옵소서. 그리스도인으로 살아갈 때에 그 어느 것에도 지배 받지 않으며 복음으로 삶과 세상을 다스릴 수 있는 빛의 자녀가 되게 하소서.
오늘도 살아계셔서 우리와 함께하시는 예수 그리스도의 이름으로 기도합니다. 아멘.

용서하는
사랑을 위한 기도

주여, 제게
없는 사랑을, 사랑을 주옵소서
사랑하라고 불러주신 그 사랑을 주옵소서
뜨겁고 진실한 사랑을 주옵소서
이 사랑을 제게 주옵소서!

괴로움 주는 사람
더욱 사랑하도록
끝까지 사랑하는 사랑을 주옵소서

한결같이 온유하고 인자한 그 사랑,
악을 악으로 갚지 않는 바로 그 사랑,
이 사랑을 제게 내려 주옵소서!

같이 웃고 같이 울어 함께 계신 주님 사랑
저의 기도 들으사 내려주옵소서

주여,
뜨겁고 깊은 사랑 제 안에 없나이다
주님 형상 닮으라고 불러주신 제 안에
이 사랑을 풍성히 내려주옵소서.
주여, 나의 기도 나의 간구
들어주옵소서

주님의 사랑 참모습을
제 안에 새기소서
사랑이신 주님을 제 안에 이루사
사랑의 존재가 되게 하옵소서

이 사랑을 저에게 내려 주옵소서.

- 바실레아 슐링크

4부
인간관계와 자녀를 위한 치유기도문

모든 겸손과 온유로 하고 오래 참음으로

사랑 가운데서 서로 용납하고

(에베소서 4:2)

고부관계

> 누가 누구에게 불만이 있거든 서로 용납하여 피차 용서 하되 주께서 너희를 용서하신 것 같이 너희도 그리하고 (골로새서 3: 12~13)

신실하시고 진실하신 하나님 아버지.
이 가정을 사랑하시고 늘 인도하심을 감사드립니다. 하나님께서 OOO의 결혼을 통해 새로운 가족을 허락하셔서 외롭고 광야 같은 이 땅의 생에 친밀한 관계를 허락해 주셨습니다.
그러나 하나님 OOO는 △△와의 관계에 시험이 들었습니다. 이 문제로 인하여 부부관계까지 금이 갈 지경이며 극심한 스트레스에 시달리고 있습니다. 전화로 △△의 목소리만 들어도 짜증이 솟아오르며 만사가 귀찮아집니다. 가정의 행사나 명절로 인해 만나게 될 일을 생각하면 심장이 뛰고 답답해지는 느낌입니다.

그리스도인으로서 더욱 사랑하고 헌신하지 못한다는 사실에 죄책감이 들고 패배감이 생겨 하나님 앞에 나아가는 것이 두렵기까지 합니다.

그 동안 일평생을 함께 살았던 내 가족도 이해하지 못하는 부분이 있었는데 시댁(처가) 식구들에겐 더 너그러운 마음을 가질 수 없어 더욱 힘이 듭니다. 하나님 아버지, 이런 부족한 사랑을 내려놓고 기도하오니 불쌍히 여기시고 도와주옵소서.

관계가 깨어진 근본적인 문제를 해결해 주사 서로 만나고 함께 하는 것에서 위안과 힘을 얻는 관계로 발전하게 하옵소서. 넘치는 사랑으로 시댁(처가)을 사랑하고 이해하게 하옵소서.
인내하려고만 하는 수동적인 태도를 벗고 이제는 사랑하려는 능동적인 태도로 나아갑니다.
OOO를 붙잡아 주셔서 그리스도의 사랑을 전하며 함께 누릴 수 있게 하옵소서.
친히 이 땅에 화목제물로 오신 예수 그리스도의 이름으로 기도합니다. 아멘.

교인관계

그리스도 안에 무슨 권면이나 …긍휼이나 자비가 있거든
마음을 같이하여 같은 사랑을 가지고 뜻을 합하며
한마음을 품어(빌립보서 2:1~2)

살아계셔서 크고 놀라운 역사를 보여주시는 하나님 아버지. 오늘도 하나님이 이루실 일들을 기대하며 찬양합니다.

하나님께서 큰 은혜를 주셔서 OOO 교회에서 신앙생활을 하게 하시고 주 안에서 한 형제자매로 많은 지체들을 만나게 해주셨습니다.

그러나 하나님 아버지, 지금 OOO는 성도와의 불화로 힘겨워하고 있습니다. 서로 기도하고 격려하며 사랑해 주어야 할 관계가 깨지니 교회생활도 힘들고 목사님의 설교말씀을 들어도 은혜를 받지 못합니다. 교인끼리 서로 수군거리고 소문을 퍼뜨리며 용납하지 못하는 모습을 보며 인간관계에 대한 신뢰감도 떨어지고 신앙생활 전체에 대한 회의감이 들 정도입니다.

하나님 도와주옵소서. 사람을 보며 신앙생활하지 않게 하옵소서. 또한 사람에 흔들려서 신앙

이 흔들리지 않게 하옵소서. 또한 이러한 교인 간의 문제를 제 힘으로 해결해 보려고 하는 조급함도 내려놓습니다. 모든 것을 하나님의 방법과 때에 맞게 해결해 주시고 회복시켜 주옵소서. 그리하여 성도가 서로 교통하며 서로 중보하고 용납하는 사랑과 은혜를 삶 속에서 누리게 하옵소서.

OOO를 괴롭게 한 성도 뿐 아니라 OOO에게도 잘못이 없는지 돌아보게 하시고 이럴 때일수록 더욱 기도하고 찬양하며 마음에 충만한 은혜가 넘치게 하옵소서.

하나님께서는 각 지체에게 다른 은사와 달란트와 환경을 허락해 주셨습니다. OOO가 이것을 잘 깨달아 다름을 통해 서로를 돕고 보완하고 도와주는 성숙한 인격의 성도가 되게 하옵소서. 작은 아픔과 신음도 외면하지 않으시는 하나님께서 우리 OOO성도와 늘 함께하심을 믿고 감사드립니다.

사랑으로 원수를 위해서도 피 흘리시고 용서하셨던 살아계신 주 예수 그리스도 이름으로 기도합니다. 아멘.

권위자와의 관계

> 사환들아 범사에 두려워함으로 주인들에게 순종하되 선하고 관용하는 자들에게만 아니라 또한 까다로운 자들에게도 그리하라 (베드로전서 2: 18)

홀로 높임받기에 합당하신 하나님 아버지. 당신의 은혜와 사랑에 진심으로 감사를 드립니다. 크신 손, 펴신 팔로 안아주시고 품어주셔서 우리가 참 평안을 누릴 수 있음을 고백합니다. 하나님만이 우리의 피난처 되시며 안식처 되시니 환난 중에도 당신의 얼굴을 바라봅니다.

하나님 아버지, OOO의 마음속에 권위자를 향한 어려운 감정이 있습니다. 권위자에 대한 두려움이 마음과 생각을 지배하여 섣불리 다가서지 못하게 발목을 붙잡습니다. 당당히 의사를 전달하고 싶어도 혀가 굳어져 말할 수 없습니다. 어떤 이유 때문인지 모른 채 막연한 두려움에 사로잡혀 있습니다. OOO의 내면에 발견하지 못한 쓴 뿌리가 있다면 흔적도 없이 소멸하여 주시길 원합니다.

권위자의 강압적인 명령으로 인해 일어나는 반발심이 있다면 마음을 잘 다스려 현명하게 대처할 수 있도록 지혜를 주옵소서. 권위자의 편애로 인한 서운한 감정과 원망하는 마음이 있다면 하나님이 친히 위로해 주셔서 평안을 누릴 수 있게 하여 주시옵소서. 권위자에게 인정을 받으려고 애쓰기보다 하나님께 인정받기 위해 노력하는 사람이 되길 소망합니다.

하나님 손에 다스림을 받아 하나님 뜻을 따르고 순종하는 권위자가 될 수 있도록 인도하여 주옵소서. OOO가 권위자를 두려워하거나 원망하지 않고 하나님께만 의지할 수 있게 하옵소서. 이 시간 OOO의 권위자를 위해 중보하게 하여 주심을 진심으로 감사드립니다. 모든 어려운 문제들을 주님 앞에 맡겨드립니다.
우리의 참 권위자이시며 능력자이신 예수 그리스도의 이름으로 기도합니다. 아멘.

부모 자식 관계

모든 겸손과 온유로 하고 오래 참음으로
사랑 가운데서 서로 용납하고
(에베소서 4:2)

창조주 하나님 아버지께 감사와 찬양을 올려드립니다. 하나님의 축복 아래 한 가정을 이루게 하사 OOO에게 복된 자녀를 선물로 주신 하나님. 한 가정 안에서 부모와 자식으로 서로가 만나게 된 것은 모두 하나님의 계획과 섭리 안에 있었던 것임을 깨닫습니다.

부모로서 또한 자식으로서 사랑 안에서 서로 위로하고 기쁨을 나누어야 하는 관계일진데 지금 OOO는 한 피를 나눈 △△로 인하여 힘들어 하고 있습니다. 가장 신뢰하고 사랑해야 하는데 가정 안에서 잦은 마찰이 있고 서로가 시험의 대상이 됩니다. 참으려고 했다가도 사소한 일이 계기가 되어 감정이 폭발하여 싸우게 됩니다.

더 이해하고 돌봐주고 지지해 주어야 하는데 오히려 멀어져 가고 있습니다. 그리고 이제는 이 관계를 회복하려는 의지마저 약해져 있습니다.

그 동안 서로를 비난하며 다툼을 일으켰던 것을 회개하오니 이 어긋난 관계를 회복하여 주시옵소서.

그리스도의 사랑으로 서로를 더 깊이 감싸 안지 못함을 용서해 주옵소서. 앞으로 칭찬하고 세워주는 말을 사용하고자 노력하겠사오니 OOO와 △△의 관계를 더욱 붙잡아주시옵소서.

이들에게 용서하고 이해하는 마음을 부어주시고 각자의 마음에 새겨진 상처들을 친히 치유하여 주옵소서. 하나님 아버지께서 모든 깨어진 관계를 회복할 수 있도록 도우시고 새로운 일을 행하시는 하나님의 은혜를 이 관계 안에서 체험하게 하옵소서. 가정 안에서 용서하고 회복하지 못하면 우리는 아무것도 할 수 없습니다.

원만한 관계를 방해하는 영적공격에 다시는 패배하지 않도록 OOO와 △△를 붙잡아주옵소서. 주권자 하나님 앞에 모든 문제를 올려드리오니 하나님께서 그들을 향하여 가지고 계신 거룩한 뜻을 이루시고 우리가 그것을 돕는 자가 되게 하옵소서. 예수 그리스도의 이름으로 기도합니다. 아멘.

부부관계

> 남편들아 아내 사랑하기를 그리스도께서 교회를
> 사랑하시고 그 교회를 위하여 자신을 주심 같이 하라
> (에베소서 5:24~25)

사랑의 하나님 아버지.
언제나 변함없는 사랑으로 우리를 인도해 주시는 은혜에 감사드립니다. 하나님의 은혜로 가정을 이루고 부부가 된 OOO 부부를 위해 기도합니다. 서로 사랑하는 마음으로 가정을 이루었으나 지금은 그 관계에 틈이 생기고 처음의 사랑을 잃고 말았습니다. 사랑이 메마르니 가정의 모든 일들이 가물어져 땅이 갈라지고 이제는 꽃 한 송이 피어날 영양분도 공급하지 못하고 있습니다.

하나님 아버지, 부부관계의 첫사랑을 잃어버린 OOO 부부가 하나님 앞에 나아와 관계의 회복을 놓고 기도하오니 불쌍히 여기시고 도와주옵소서. 신뢰가 깨어진 부부 관계를 만져주시고 상처 입은 마음을 치유하옵소서. 서로에게 진심으로 잘못을 구하고 서로가 진심으로 용서하게

하옵소서. 이들이 첫 사랑을 회복하여 함께 뜨거운 마음으로 기도하고 축복할 수 있게 하시며 이들을 가로막고 있는 모든 죄악으로부터 건져 주옵소서.

물질관리, 이성문제, 나쁜 습관, 거짓말 등의 죄악을 회개하오니 다시는 이러한 죄를 짓지 않게 하옵소서.

나사렛 예수 그리스도의 이름으로 명하고 선포하노니 부부관계를 방해하는 음란과 거짓과 이간질의 영은 이 시간 당장 OOO의 가정에서 떠나갈지어다. 부부의 참된 대화를 방해하는 의심과 분노의 영은 이 가정에서 떠나갈지어다.

오직 화목케 하시는 예수 그리스도의 평안이 OOO의 가정에 넘치길 소망합니다. 충만한 사랑으로 모든 문제를 훌쩍 뛰어넘을 수 있게 하옵소서. 처음 가정을 이룰 때에 가졌던 아름다운 소망이 다시 회복되어 서로 돕고 격려하여 하나님께서 이 가정에 허락하신 귀한 뜻을 이뤄가며 살게 하옵소서.

이 가정의 주관자이신 예수 그리스도의 이름으로 기도합니다. 아멘.

이성관계

이 모든 것 위에 사랑을 더하라
이는 온전하게 매는 띠니라
(골로새서 3:14)

사랑과 은혜가 풍성하신 하나님 아버지 감사합니다. 하나님 아버지께서 지으신 천지 만물의 아름다움을 우리가 느낄 수 있게 해주셔서 우리의 영혼과 몸으로 세상의 아름다움을 체험하고 누릴 수 있음을 감사드립니다.

이렇게 좋은 시절에 OOO는 이성관계의 아픔 가운데 있습니다. 서로 사랑했고 앞으로도 그렇게 될 줄 알고 관계를 지속해 왔으나 더 이상 유지할 수 없는 상황이 되었습니다. 둘 중 한 사람이 이 관계를 원치 않았고 또한 약속을 지키지 않았기 때문입니다. 서로를 향한 기대감은 사라지고 사랑은 시들어가고 있습니다. 처음 마음을 점차 잊어버려 두 사람이 서로에게 소홀해지고 있습니다. 인간적인 기대감이 너무 컸던 만큼 서로에 대한 실망도 큰 것 같습니다.

참된 사랑은 인간적이고 조건적인 사랑이 아니

라 이해와 배려의 반석에서 싹트는 무조건적인 사랑인 줄을 깨닫게 하옵소서. 상대방의 부족하고 연약한 단점까지도 포용할 수 있는 넓은 마음을 허락하시고 교제 안에 하나님이 중심이 되셔서 사랑의 균형을 찾을 수 있도록 도와주시옵소서.

하나님 아버지, 이성교제를 하며 더욱 하나님 앞에 깨어 기도하지 못한 것을 이 시간 회개합니다. 좀 더 배려하고 인내하지 못하며 나 자신의 욕심에 치우쳤던 것을 용서하시고 하나님과의 관계에 소홀했던 것도 용서해 주시옵소서.

이제 이 깨어진 관계를 통하여 다시 한 번 자신을 돌아보고 영성을 회복하는 내적 성숙의 시간을 갖게 하시고 진실한 대화를 통해 서로의 안에 계시는 하나님을 발견하여 친밀감을 쌓아가게 하여 주옵소서. 하나님의 참된 사랑을 본받게 하시고 예수님의 아가페 사랑을 배워 실천하게 하시옵소서.

우리에게 참 사랑을 가르쳐 주시는 예수 그리스도의 이름으로 기도합니다. 아멘.

친구관계

> 서로 친절하게 하며 불쌍히 여기며 서로 용서하기를 하나님이 그리스도 안에서 너희를 용서하심과 같이 하라
> (에베소서 4:32)

선한 목자 되신 주님께 감사와 찬양 올려드립니다. 일마다 때마다 선하신 인도하심으로 좋은 동역자이자 친구를 붙여주시는 하나님. 각자의 성품과 체질을 따라 인연을 맺어주시는 하나님의 섬세한 손길에 감사를 드립니다.

이 시간 하나님이 사랑하시는 OOO를 위해 기도합니다. OOO가 친구 △△와의 관계에서 어려움을 겪고 있습니다. 친형제처럼 아끼고 사랑하는 친구인 만큼 관계의 깨어짐이 가슴 아프고 힘겹게 다가옵니다. 하나님께서 OOO와 △△의 마음을 만져주시길 원합니다. 각자에게 필요한 말씀을 들려주셔서 두 사람 사이에 관계 회복이 이루어질 수 있게 도와주소서.

때로는 △△를 향한 OOO의 마음이 시기와 질투의 감정으로 평안치 못할 때가 있습니다. 그

러나 시기와 질투의 감정조차 △△를 사랑하는 마음에서 비롯된 것임을 압니다. 어떤 날은 감정의 표현이 빗나가 오해를 빚게 될 때도 있습니다.
이들의 우정에 방해가 되는 요소를 제거하여 주시옵소서. 서로를 사랑으로 품어주고 이해하는 관계가 되게 하셔서 다른 사람들에게 본이 되고 칭송받을 수 있는 우정을 키워가게 하옵소서.

○○○와 △△의 관계 속에 성령님이 임재하사 쉽게 끊어지지 않는 삼겹줄을 이루게 하여 주시옵소서. 어깨를 걸고 함께 믿음 소망 사랑의 길을 걸어감으로 더욱 큰 축복을 누릴 수 있도록 역사하여 주시옵소서.
다윗과 요나단처럼 하나님이 보시기에 기뻐하실 친밀하고 아름다운 동역의 관계를 맺게 하여 주시길 원합니다.
온전한 관계 회복을 이뤄주실 예수 그리스도의 이름으로 기도합니다. 아멘.

자녀의 발육부진

아기가 자라며 강하여지고 지혜가 충만하며
하나님의 은혜가 그의 위에 있더라
(누가복음 2: 40)

어두운 우리의 삶과 이 세상에 빛으로 오셔서 우리를 구원해 주시고 영원한 생명을 허락하신 하나님 아버지의 은혜에 감사를 드립니다. 오늘도 우리의 몸과 마음에 말씀의 단비를 내려주시니 영육이 자라고 성숙하여 집니다. 이 모든 것이 아버지의 크신 사랑으로 인함이니 주는 찬양 받기에 합당하십니다.

하나님 아버지, 오늘은 OO의 성장을 위해 기도합니다. OO가 또래의 다른 아이들보다 발육이 더딘 감이 있어 OO의 부모가 근심하고 있습니다.

하나님 아버지, 우리를 지으시고 자라게 하시는 주권이 하나님께 있사오니 이 가정의 OO에게 더욱 큰 은혜를 베푸셔서 시절에 맞게 자라게 하옵소서. 또한 사람의 눈에 보기엔 더디더라도 하나님께서 세우신 계획이 있다면 OO의 부모가 조급하지 않게 성장과정을 감사함으로 지켜보게 하옵소서. 또한 OO에게 좋은 교육기관과 좋은 사람들을 만나게 하셔서 규칙적인 생활과 절제된 습관으로 영적으로도 아름다운 성장을 할 수 있도록 도와주옵소서.

OO가 먹는 음식이 좋은 영양분이 되어 몸에 골고루 전달되고 에너지로 쓰이게 하시며, 하나님과 사람을 통해 받는 사랑이 영혼을 강건케 하고 몸을 생기 있게 하여 건강하게 성장할 수 있도록 도와주옵소서. OO의 키와 지혜가 쑥쑥 자라며 더욱 예수님을 닮아가게 하옵소서.

하나님께서 OO를 향한 사랑으로 OO의 일생이 시절을 좇아 과실을 맺음같이 은혜가 충만하고 부족함 없기를 예수 그리스도의 이름으로 축복합니다.

일생토록 OO의 삶에서 감사와 찬양이 끊이지 않게 하옵시고 OO의 삶을 통해 하나님의 영광이 드러나게 하옵소서. 우리의 공급자 되시며 참된 목자 되시는 예수 그리스도의 이름으로 기도합니다. 아멘.

시력장애 자녀

네 몸의 등불은 눈이라 네 눈이 성하면 온 몸이 밝을 것이요
만일 나쁘면 네 몸도 어두우리라
(누가복음 11: 34)

높고도 존귀한 하늘나라에서 낮고도 천한 이 땅에 오신 예수 그리스도를 기억합니다. 우리를 구속하시려 험한 십자가에 못 박혀 죽임을 당하면서도 우리를 죽기까지 용서하신 자비로운 주님의 크신 사랑과 은혜에 감사드립니다.

오늘 우리는 주님의 피로 값 주고 사신 하나님의 귀한 자녀 OO를 위해 기도드립니다.

하나님 아버지, OO의 시력을 회복시켜 주옵소서. 건강한 시력을 방해하는 모든 유전적인 요인과 근시와 난시와 약시와 눈병과 야맹증과 각종 눈과 관련된 희귀 질환을 고쳐주옵소서.

소경 바디매오를 불쌍히 여기사 그의 눈을 뜨게 하신 살아계신 하나님 아버지, 오늘 이 시간 OO에게도 긍휼을 베푸시어 그 눈을 회복시켜 주옵소서. 하나님의 귀한 자녀 OO의 두 눈에 치료의 광선을 발하여 주옵소서. 성령의 불로

연약한 두 눈에 힘을 더하여 주시며 환히 밝혀 주옵소서.
이 시간 예수 그리스도의 보혈의 능력으로 명하노니 OO의 눈을 어둡게 하는 더러운 귀신은 OO의 몸에서 떠나갈지어다. 예수 그리스도의 이름으로 명하노니 OO의 눈은 밝아지고 이전보다 더욱 강건케 될지어다.
전능하신 하나님 아버지!
OO의 눈에 친히 그리스도의 침을 뱉으시고 진흙을 이겨 바르시고 실로암 못가에서 씻어주사 주님의 은혜로 밝은 눈이 되게 하옵소서. 그리하여 OO가 하나님께서 지으신 이 아름다운 자연을 두 눈으로 마음껏 바라보게 하시고 주야로 말씀을 읽고 묵상하며 여호와 하나님을 경외하는 복된 삶을 살 수 있게 하옵소서.
몸의 시력뿐만 아니라 영혼의 시력이 밝아 늘 하나님의 은혜의 도를 잘 따르는 귀한 주님의 자녀로 살아가게 하옵소서.
감사드리며 치료자 되신 예수 그리스도의 이름으로 기도합니다. 아멘.

아토피

> 내가 너의 상처로부터 새 살이 돋아나게 하여
> 너를 고쳐 주리라
> (예레미야 30:17)

완전하신 우리 주 하나님 아버지.
불완전한 존재인 우리들을 따뜻한 손길로 감싸 안아주시니 감사합니다. 어제도 오늘도 내일도 주의 품 안에서 안식을 누리며 살아갈 수 있음이 큰 축복인 줄을 깨닫습니다.

OO가 아토피로 고통을 겪고 있습니다. 피부가 거칠고 반점이 생기기도 하며 가려움으로 고통스러워합니다. OO의 피부를 강건하게 고쳐주사 매끄럽고 건강해질 수 있도록 도와주시고 가려움증도 치료하여 주옵소서.
아토피로 인하여 깊은 잠에 들지 못하며 가려야 할 음식도 많아 집중력이 떨어지고 짜증을 낼 때도 많습니다. 아직 어리기에 아토피를 감당하는 것이 쉽지 않습니다.
주여, 아토피의 원인이 되는 오염된 땅과 오염

된 음식과 오염된 몸을 정화시켜 주옵소서. 우리를 지으신 하나님께서 우리의 체질을 아시오니 OO를 강건케 하옵소서. 아토피 질환에서 벗어나 주어진 하루 하루를 더욱 충만한 기쁨으로 누릴 수 있도록 도와주옵소서.

나사렛 예수 그리스도의 이름으로 명하노니 OO의 몸에 아토피를 일으키고 가렵게 하는 병마는 떠나갈지어다. 예수의 이름으로 명하노니 OO의 피부는 매끄럽고 강건케 될지어다.

치료자 되신 하나님 아버지, OO에게 건강한 새 피부와 무엇에든지 강건할 수 있는 면역력을 주시고 어떤 상황과 환경에도 잘 적응하고 감사할 수 있는 충만한 믿음도 더하여 주옵소서.

아토피를 통하여 OO를 위해 이렇게 기도할 수 있게 해주신 하나님의 은혜에 감사드립니다. OO가 사는 날 동안 하나님과 친밀한 교제를 나누며 모든 일에 감사하여 평안을 누리는 하나님의 자녀가 되게 하옵소서. 감사드리며 우리를 위해 십자가에 달려 피 흘리신 독생자 예수 그리스도의 이름으로 기도합니다. 아멘.

언어장애가 있는 자녀

> 그의 귀가 열리고 혀가 맺힌 것이 곧 풀려 말이
> 분명하여졌더라
> (마가복음 7:35)

우주만물을 말씀으로 창조하시고 모든 인류의 생사화복을 주관하시는 하나님 아버지.
오늘 특별히 언어장애를 겪고 있는 OO를 위해 기도합니다. 이 시간 우리는 우리의 모든 발달 기관의 주관자가 하나님이심을 고백합니다. 또한 우리의 정서적 안정의 근원도 오직 하나님뿐임을 고백합니다.

OO의 언어장애의 근본 원인이 무엇이건 하나님께서는 치료하실 수 있사오니 이 시간 OO를 불쌍히 여기시고 치료해 주옵소서. 선천적인 질병이라면 그 선천적인 문제를 해결해 주시고 정서적 충격과 불안에서 온 것이라면 상한 마음을 위로하시고 감싸주옵소서.

OO를 지지하고 사랑하는 좋은 친구와 스승을 만나게 해주셔서 언제나 OO가 자신의 생각을 일목요연하고 자연스럽게 말하고 들으며 성장하게 하옵소서.
여호와 라파, 치료자 되신 하나님 아버지.
그 동안 OO가 언어장애로 인해 겪은 마음의 갑갑함으로부터 해방시켜 주옵소서.
예수 그리스도의 이름으로 명하노니 이 시간 OO에게 말을 더듬게 하고 언어 장애를 일으키는 병마는 떠나갈지어다. 오직 성령께서 주시는 평강과 기쁨이 OO에게 넘칠지어다. 예수 그리스도의 이름으로 명하노니 OO의 혀에 맺힌 것이 풀려 말을 분명히 할 수 있게 될지어다.
사랑의 하나님 아버지!
OO이가 이제 그 입술로 하나님을 찬양하며 복음을 전하고 사랑과 화평의 언어로 형제와 이웃을 화목케 하는 자가 되게 하옵소서. OO의 입술에 복을 주셔서 그 입에서 나오는 모든 기도가 하나님께 열납되게 하시고 하나님과 친밀하고 깊은 교제를 나누게 하옵소서. 하나님께서 OO를 향해 계획하신 깊으신 뜻이 OO의 삶을 통해 반드시 이뤄지길 소망하며 예수 그리스도의 이름으로 기도합니다. 아멘.

왕따

> 여호와께서 그를 황무지에서, 짐승이 부르짖는 광야에서
> 만나시고 호위하시며 보호하시며 자기의 눈동자 같이
> 지키셨도다 (신명기 32: 10)

사랑과 평안의 하나님 아버지 감사합니다. 우리에게 주신 천지 만물로 인하여 우리가 호흡하고 보고 느낄 수 있는 하루를 허락해 주심을 감사드립니다.

OO는 한창 따뜻한 우정을 나눌 시기에 친구들로부터 외면을 당하고 혼자 고통 속에 있습니다. 친구들과 원만한 관계를 가질 수 있도록 먼저 OO를 회복시켜 주옵소서. 가정에서 더욱 충분한 사랑을 받게 하시고 하나님과의 관계를 회복시켜 주옵소서.

하나님 아버지의 조건 없고 변함없고 진실한 사랑으로 OO의 외롭고 상처 입은 마음을 덮어주옵소서. OO의 마음을 헤아려 주사 그의 낮아진 자아 존중감이 회복되도록 도와주시고 OO가 세상에서 가장 귀한 존재이며 유일한 존재임을 깨달아 알게 하옵소서.

우선 쉽지는 않지만 OO를 괴롭히고 따돌린 친구들을 용서하고자 합니다. 그들을 진심으로 용서할 수 있는 마음을 주옵소서. 악을 악으로 갚지 않고 오히려 사랑과 선으로 감쌀 수 있는 충만한 사랑을 OO와 가족에게 더하여 주옵소서. 원수 갚는 것이 하나님께 있음을 기억하며 이 시간 따돌림으로 인해 받은 상처와 아픔을 모두 하나님께 내려놓사오니 하나님께서 하나님의 방법으로 해결해 주옵소서.

또한 우리에게 주어진 문제를 바라볼 때 우리가 남을 탓하기 전에 먼저 우리의 잘못을 돌아볼 수 있는 성숙한 인격을 주시고 남을 향해 관용을 베풀고 이해하며 용서할 수 있는 그리스도의 참된 사랑의 마음을 우리도 품게 하옵소서.

OO의 가장 좋은 친구 되신 예수님이 친히 OO의 손을 잡고 친밀한 교제를 나눠주셔서 OO의 마음과 생각과 생활을 평안하게 지켜주옵소서. 신앙 안에서 다윗과 요나단 같은 좋은 우정을 나눌 수 있는 은혜도 베풀어 주옵소서. 언제나 늘 함께 하셔서 우리의 친구가 되어주시는 예수 그리스도의 이름으로 기도합니다. 아멘.

주의력결핍(ADHD)

> 여호와는 너를 지키시는 이시라 여호와께서
> 네 오른쪽에서 네 그늘이 되시나니
> (시편 121:5)

사랑과 자비가 풍성하신 하나님 아버지여. 만왕의 왕 여호와께 온 마음 합하여 찬양을 올려드립니다. 사람이 아니시니 거짓말을 하지 않으시고 인생이 아니시니 후회가 없으신 아버지께서는 우리의 간구에 신실하게 응답하실 줄을 믿습니다. 이 시간 OO를 위한 간곡한 기도를 올리오니 속히 도와주옵소서.

OO는 주의력결핍장애를 앓고 있습니다. 스스로 주어진 과제를 집중력 있게 성취하지 못하고 있으며 OO의 산만함으로 인해 가족들도 함께 어려움을 겪고 있습니다. 말을 해도 잘 듣지 않을 때가 있고 자제력을 잃고 버럭 화를 내는 일도 많습니다. 충동적이고 주의력이 약해서 위험한 일이 생길 때도 있습니다.

먼저 OO의 부모님의 마음을 살펴주사 깊은 평안으로 그들을 위로해 주옵소서. 그 부모보다 더 뜨거운 사랑으로 지켜보시고 돌봐주시는 하나님 아버지께서 OO를 긍휼히 여기사 이러한 질병이 생기게 된 유전적·환경적 요인을 제대로 파악하여 잘 대처하게 하시고 OO에게 좋은 교육의 기회와 관계의 기회를 누릴 수 있도록 도와주옵소서.

우리의 모든 질병을 완벽히 고치실 수 있는 분은 오직 여호와 하나님 한 분뿐입니다. OO의 영육 간에 강건함의 복을 주사 OO를 완전히 치료하여 주옵소서. 또한 주변 사람들로부터 긍정적인 칭찬을 많이 듣지 못하며 마음에 상처를 입었을 OO의 마음도 위로해 주옵소서.

하나님께서 귀하게 여기시는 OO가 사랑과 위로를 충만하게 받을 수 있도록 도와주셔서 이제는 다른 사람들을 옳은 길로 돌아오게 하며 상처받은 사람을 위로하고 복음의 길로 인도하는 하나님의 귀한 자녀가 되게 하옵소서. 모든 지혜와 평강의 근본이시며 치료자 되신 하나님 아버지의 은혜로 OO가 더욱 행복하고 강건한 삶을 누릴 수 있게 하옵소서. 예수 그리스도의 이름으로 기도합니다. 아멘.

자녀의 천식

사랑하는 자여 네 영혼이 잘됨 같이 네가 범사에 잘되고
강건하기를 내가 간구하노라
(요한삼서 2)

믿는 자들에게 하나님의 자녀가 되는 권세를 주시고 영접하는 자들에게 구원의 은혜를 허락하신 사랑의 하나님 아버지, 오늘도 변함없는 사랑으로 우리를 돌봐주시는 그 은혜에 감사와 찬양과 경배를 드립니다.

이시간 주님의 사랑으로 함께 모여 OO를 위해 기도드립니다. OO가 천식으로 인하여 호흡곤란과 기침과 거칠고 가랑거리는 숨소리 등으로 고생하고 있습니다. 또한 마른기침을 반복하기도 합니다. 이러한 증세들로 인하여 가슴이 짓눌리는 듯 하고 목구멍에 가래가 걸린 듯 답답해합니다. 밤에 기침으로 깊은 잠에 들지 못하고 깨기도 합니다. 심한 기침으로 인해 고통이 심하오니 도와주옵소서.

예수 그리스도의 보혈로 OO의 기관지 염증을 치료해 주시고 병의 근원이 되는 알레르기 질환과 선천적 요인들을 제거하여 주옵소서. 그리하여 하나님께서 주신 맑은 공기를 마음껏 들이쉬고 내뱉으며 건강하게 생활할 수 있도록 도와주옵소서. 또한 기관지 천식으로 인한 합병증들로부터도 지켜주옵소서.

예수 그리스도의 이름으로 명하노니 OO의 호흡을 방해하는 기관지 천식은 OO의 몸에서 떠나갈지어다.

치료하시는 하나님 아버지, OO에게 강건한 기관지를 주옵소서. 다시는 천식으로 고통 받지 않게 하여 주옵소서.

OO의 평생에 하나님을 향한 기도와 찬양이 호흡처럼 끊이지 않는 성령 충만한 삶이 되게 하옵소서. 또한 OO가 매일 숨 쉬고 살아가는 하루하루를 하나님께 감사드리며 값지게 보내는 귀한 하나님의 자녀로 성장하게 하옵소서. 놀라운 치료의 역사를 일으키실 예수 그리스도의 이름으로 기도합니다. 아멘.

학습장애

내 아들아 완전한 지혜와 근신을 지키고 이것들이
네 눈 앞에서 떠나지 말게 하라
(잠언 3:21)

지혜와 총명이 충만하신 능력자 아버지 하나님 감사합니다. 하나님께서 이 가정에 귀한 자녀를 허락하시고 장성하게 하심을 감사드립니다. 이 시간 OO의 학업향상을 위해 기도하오니 응답하여 주옵소서.

하나님 아버지, OO가 학습에 흥미를 느끼지 못하고 있습니다. 다른 일에는 호기심과 집중력을 가지고 있는데 유독 공부에는 흥미를 붙이지 못하고 힘들어 합니다. 책상에 오래 앉아 있는 것을 힘들어 하고 학습 내용에 집중하지 못합니다. 하나님 아버지, OO를 도와주옵소서. 자기계발에 힘쓰고 공부에 집중할 시기에 학습장애로 인해 성적이 좋지 않아 자신감도 많이 잃었습니다.

우선 하나님께서 OO에게 주신 거룩한 비전을 먼저 깨닫게 해주셔서 인생의 비전을 다시 세우고 꿈꾸게 하시며 분명한 목표를 가지고 귀한 시절을 보낼 수 있도록 도와주옵소서. 그리하여 학업에 흥미를 느끼고 집중하게 하시며 주어진 모든 과제와 업무를 감사함으로 감당할 수 있는 자녀가 되게 하옵소서.

OO가 세월을 낭비하지 않고 주어진 자신의 삶을 소중히 여기게 하옵소서. 하루하루의 삶 속에서 하나님의 은혜를 깨닫고 자신에게 주어진 재능을 발견하여 학업에 흥미를 갖게 하옵소서. 이해력과 암기력과 집중력을 날로 더하셔서 새로운 것을 배우는 것에서 기쁨을 누리게 하옵소서. 모든 시험과 진학에 좋은 성적을 얻어 하나님께 영광 돌릴 수 있는 복을 허락해 주옵소서. 이 자녀가 말씀 안에 바로 서서 하나님의 인도하심대로 따라가며 어디에 가든지 꼬리가 되지 않고 머리가 될 수 있도록 지혜를 충만히 허락하옵소서. 또한 OO의 부모에게 세상의 방법에 매이지 않고 하나님의 방법으로 자녀를 잘 양육할 수 있는 지혜를 허락해 주옵소서. 이 모든 말씀 지혜의 근본이신 우리 주 예수 그리스도의 이름으로 기도합니다. 아멘.